교회, 경계를 걷는 공동체

일러두기

본문에 인용한 성경 구절은 대한성서공회에서 펴낸 《새번역성경》을 따랐습니다.
다른 번역본을 인용한 경우 따로 표기하였습니다.

교회, 경계를 걷는 공동체

한 인문주의자의 성경 읽기

최종원

비아토르

느리게 함께 걷는 DTC의 벗들에게

내 사유의 틀은 대부분 경계인이자 비주류라는 자의식에
서 형성되었다. 나는 한국 교회 현장에서 목소리를 낼 만한 목
회자나 신학자가 아닐뿐더러 한국 강단에서 가르치는 선생도
아니다. 밴쿠버라는, 태평양 건너 멀고 외진 곳에서 이런저런
생각을 펼쳐 내는 이에 불과하다. 그런데도 그간 나의 목소리
에 귀를 기울이고 공감하는 이들이 있다는 것에 적지 않은 자
부심을 품고 있다. 스스로 아웃사이더라고 규정하지만, 그 목

소리가 들린다는 점에서 난 분명 행운아이다.

그렇지만 내가 이런 글까지 출판하게 될 줄은 몰랐다. 나의 공부 분야와는 무관한 '성경'이라는 텍스트를 나만의 방식으로 풀어낸, 지극히 주관적이며 아마추어적인 생각의 조각들을 책으로 낸다는 것은 사뭇 다른 의미가 있다. 소심하기에 한껏 용기를 낸 결과물이다.

게다가 어쩌다 보니, 이 글에서 얘기한 바를 지금 밴쿠버의 현실 속에서 함께 만들어 가고 있다. 모두가 모두에게 책임을 지고 서로 기댈 어깨가 되어 주는 작은 공동체 말이다. 누구도 말을 독점하지 않고 구성원 모두 강단에 서는 기회를 얻는다. 자연히 모든 게 느리고 불편하다. 그러나 함께 살아 내는 것 자체가 가장 소중한 가치인 곳이 교회라 믿는다.

공동체에 함께하는 적지 않은 수의 자녀들에게 한 가지 약속한 것이 있다. 체계적인 교회학교 프로그램을 마련하지는 못할지라도 공동체가 무엇인지 경험하게 해 주겠다고, 모든 순간을 함께하는 어른들의 삶과 말을 꼼꼼하게 지켜보며 신앙이란 무엇인지 삶으로 서로 배워 갈 수 있게 해 주겠다고 말이다. 철없는 이상 같지만, 사랑은 그 어떤 이데올로기보다 강하다는 믿음이 내 마음속에 여전히 있다. 당위적이고 선언적인 종교적 표현에 불과해 보이기도 할 테지만, 그래야 한다고 믿는다. 그리스도인들은 불가능에의 꿈을 꾸는 이들이어야 한다.

평강은 있으되 평화는 없고, 공의를 외치지만 정의에는

무심하고, 은혜는 넘치나 은총은 희귀하며, '영적' 분별에 몰두하나 차별을 인식하지 못하는 곳, 그것이 오늘 사회에 비치는 한국 교회의 안타까운 모습이다. 그럼에도 여전히 우리만의 은혜, 복, 사랑을 얘기한다면, 바리새인의 그것과 다를 바 없다. 성경을 관통하는 그리스도의 가르침이 그런 것일 리 없다. 지난 이천 년의 기독교 역사 속 교회가 길을 잃었을 때마다 그 모습은 한결같았다. 자기중심성 속에서 높은 벽을 치고 안전하다, 평화로다 했다. 이제 스스로 가둬 버린 장벽을 열고 경계선을 향해 걸어야 한다. 그 위에 서야 한다. 그것이 그리스도의 복음이 다시 생명을 얻는 길이라고 나는 믿는다.

언젠가 한국 교회가 경계 위에서 흔들거리며 중심 잡을 모습을 그려 본다. 외줄타기 장인이 땅과 하늘 사이 줄 위에 서서 부채 하나 펼쳐 들고 넘실넘실 손에 땀을 쥐는 곡예를 한바탕 보여 주듯, 한국 교회가 땅과 하늘을 이어 주는 신비한 예술을 세상에 내보일 날을 고대한다.

이 책에 나온 글 대부분은 내가 함께하고 있는 공동체에서 지난 1년 반 동안 나누었던 메시지들이다. 오늘 그리스도인이란 누구이고 교회란 무엇이며 어떠한 길을 걸어야 하는지 나름의 생각을 정리한 담론들이자 '도심 속 수도 공동체'를 마음에 두고 정리한 아마추어의 성경 읽기이다. 그중 '3장 영성' 부분은 《신데카메론》(복있는사람, 2021)에서 다룬 일부 내용을 확장한 것이다.

내가 머뭇거릴 때 격려해 주고 덥석 책을 출간해 준 비아토르 김도완 대표님의 무모함에 고맙고 미안하다. 편집자 이화정 님과 이현주 님은 그간 몇 권의 책을 함께 작업하며 전적으로 신뢰하게 된 분들이다. 글이 조금이라도 문장력이 있어 보인다면, 거친 문장을 매끄럽게 다듬고 의미를 명확하게 해 준 두 분 덕분이다. 정지현 님은 내 책을 네 권째 디자인해 주었다. 매번 감탄할 만한 작업을 해 준 것에 깊이 감사드린다.

이 책이 한국 교회가 신선한 우물을 길어 올리는 데 한 바가지 마중물의 역할을 할 수 있기를 기대한다.

2024년 4월
밴쿠버에서 최종원

フ

한 돌의 소리 ——————————————————

종교개혁은 스콜라학에 대한 인문주의의 승리라 한다. 인문주의는 기존 스콜라학의 변증적 읽기에서 수사학적 비평적 읽기로 전환하여 성경을 새로운 시각으로 보게 했다. 원어를 통해 낯설게 읽고 교리 이상의 상상을 했기 때문에 현재 너머를 볼 수 있었다.

오늘 한국 개신교는 어떠한가. 현재 상황을 파악하기 위해 통계 데이터를 끄집어내는 것은 이미 무의미한 일이 되었다. 지금 교회가 설 자리가 어디여야 하는지를 알기 위해서는 익숙함을 넘어서는 급진적 재고가 필요하다. 그런 반성 없이는 그 어떤 신학 지식도 한계가 뚜렷하다. 이제 진정한 용기가 필요하다. '예' 해야 할 때 '예'라고 할 줄 알고 '아니요'라고 말해야 할 때 '아니요'라고 말할 수 있는 용기 말이다. 그러지 않고 계속 '은혜로다'를 외치는 것은 나를 속이고 세상도 속이는 거짓이다.

그렇다면 답은 나온 셈이다. 교회가 서야 할 자리를 알려면, 사회가 개신교에 기대하는 바가 무엇인지 진솔하게 들여다보면 된다. 이미 알고 있는 답이지만 실행에 옮기는 데는 역시 용기가 필요하다. 그것이 루터와 같은 종교개혁가들이 했던 일이고, 프로테스탄트가 했던 일 아닌가? 이러한 실천 없이 그저 교회에 희망을 두어야 한다거나 교회가 희망이라고 이야기하는 건 맹목에 불과하다.

어쩌다 보니 이런저런 모임에 불려 가 이야기를 나눌 기회가 생긴다. 그런 곳에서 이른바 성공한 목회자들을 만나기도 한다. 집회의 규모가 클수록 초청받아 오는 이들은 대개가 무언가를 성취한 분들이다. 안타깝게도 그들의 메시지 속에서는 한국 교회의 쇠락에 대한 고민을 찾아보기 힘들다. 지금도 대형 교회는 꾸준히 유지되거나 성장한다. 대형 교회에서 분립한 교회들도 성장한다고 한다. 이들 앞에서 한국 교회 쇠퇴에 관한 담론은 루저의 레토릭일 뿐이다.

지난해 어느 지역의 집회에 참석했을 때의 일이다. 내가 역사를 공부했다는 것을 아는 한 참석자가 한국 교회에 대한 전망을 부탁했다. 내 답은 명료했다.

"'가진 사람은 더 받을 것이요, 가지지 못한 사람은 그 가진 것마저 빼앗길 것이다'막 4:25. 큰 교회는 더 커지고 작은 교회는 더 줄어들 것이다."

한국의 어느 유명한 대형 교회 목회자가 있는 데서 한 말이다.

어느 순간부터 그런 집회, 목회자 교육 모임 등에 참여하는 목회자들에게 안쓰러운 마음이 들기 시작했다. 구조에서 찾아야 할 문제를 개인의 문제로 치환하는 결과 앞에 서 있는 '보통' 목회자들의 자괴감과 무력감을 보았기 때문이다. 성공한 목회자들의 철학을 배우고 멘토링을 받는다고 해결될 문제가 아니다. 이제는 좀 더 본질적인 문제를 직시해야 한다.

나는 문제의 핵심을 '성직주의'와 '교권주의'에서 읽어 낸다. 오늘의 교회와 목회자들은 민주 사회를 살아갈 의지와 민주주의를 실천할 요량이 없어 섬처럼 고립되었다. 교회는 항상 목회자 중심이다. 심지어 이중직 논쟁도 목회자들의 것이다. 이러한 논의에서 일반 신자들은 소외되어 있다. 그러므로 가나안 성도는 성직주의에 대한 반작용으로 볼 수 있다. 대개의 교회는 결국 훌륭한(이라 쓰고 설교 잘하는) 목회자를 모시는 것이 문제 해결의 길이라 생각한다. 하지만 지금은 그것도 답이 되지 못한다.

성직주의가 목회자 개인의 문제와 연결되면 교권주의는 좀 더 적나라해진다. 매해 교단 총회에서 벌어지는 일을 보라. 한국 개신교는 민주주의의 토양과는 전혀 무관한 전체주의 집단을 방불케 한다. 최근 몇 해 동안 대부분의 교단 총회는 '반동성애'라는 단어 하나로 모두 '헤쳐 모여' 하고 있다. 이것이 교회를 지키는 길이 아니라는 걸 알면서도 어느 목회자 하나, 신학자 하나 입바른 소리를 하지 못한다. 섣부르게 한마디 했다가는 교권주의의 압박에 견딜 수 없는 지경이 되기 때문이다. 그러면서 여전히 교회에서 평화와 희망을 찾는다. 얼마나 허망하고 참담한가.

기독교의 오랜 역사를 들여다본 내 나름의 분석으로는, 적어도 성직주의와 교권주의를 지적하지 않고서 오늘 교회의 내일을 이야기할 수 없다. 모두를 비판하거나 적으로 돌려 세우고자 하는 말은 결코 아니다. 우리에게는 각자의 몫이 있다. 많은 이가 각자의 자리에서 누구도 대체할 수 없는 역할을 하고 있음을 안다. 주제넘을 수 있지만, 나 역시 경계와 주변의 자리에서 내 몫의 말을 피하지 않겠다는 것이다. 아무도 그것에 대해 목소리를 내지 않으니, 내가 길가에 거치는 돌이 되어 소리치겠다는 것이다.

인문주의자의 자의식으로 한국 사회와 교회를 읽어 나간 책 《텍스트를 넘어 콘텍스트로》(2019)를 낸 지 벌써 5년이 되었다. 그 당시도 한국 교회가 마주한 상황이 만만치 않다고 생각했는데, 코로나19를 겪은 지금은 이전과 비교할 수 없을 정도로 급변하고 있다. 그만큼 나의 고민도 더해졌다.

이제 나는 비판의 목소리를 넘어 교회에 대한 고민을 성경 읽기의 방식으로 풀어내려고 한다. 《텍스트를 넘어 콘텍스트로》의 부제는 '한 인문주의자의 사회와 교회 읽기'였다. 이 책의 부제는 '한 인문주의자의 성경 읽기'다.

그리스도인, 교회, 그리고 소명에 대해 다시 생각해 보자는 제안을, 그것도 성경을 통해 얘기하는 것은, 나 같은 외부자에게는 무모한 일임에 분명하다. 되도 않는 일이라는 비아냥거림과 비판이 있을 수도 있음을 안다. 그러나 이제 안전하고 익숙하고 편안한 자리에서 하는 고민을 넘어서야 할 때라는 핑계를 대 본다. 대형 교회(와 그 목회자들)가 주도하는 담론이 오늘 한국 교회의 상황에 해답을 줄 수 있을까? 크게 기대하지 않는다. 백마 타고 오는 초인을 찾아 기대고 싶은 것을 모르지 않으나, 그에 기대는 건 개인의 책임을 외면하는 게으른 발상이다.

무엇보다 다른 목소리와 소수의 목소리를 성경의 이름으로 배제하고 배타하며 숨통을 조이고 있는 참담한 상황에서 그저 넋 놓고 있기에는 불편한 마음이 가시지 않는다. 언제까지 외면하며 우리끼리의 '은혜'에 만족하며 머무를 것인가? 경계 밖으로 밀려나는 이들을 언제까지 못 본 체하며 우리끼리의 복음만 얘기할 것인가?

　나는 왜 교회가 옳지 않은 일에 침묵하는지, 그 배타성의 원인에 천착하지 않는지, 왜 아무도 핍박받는 자의 편에서 목소리를 내지 않는지, 그리고 교회가 추구하는 신앙의 실체가 결국 지극한 이기심의 충족은 아닌지 직면하며 묻는다. 교권주의와 성직주의를 극복하지 못하는 한 희망은 볼 수 없다. 교회의 모습을 고민하는 사람들, 경계에 선 사람들, 경계선에서 손을 마주 잡은 사람들 모두 한 걸음도 나아가지 못한 채 시간만 흐른다면 지칠 수밖에 없다. 이들의 지향점을 그저 개인의 선택일 뿐이라며 모르는 척해서도 안 된다. 이것이 내가 목소리를 내는 이유이다.

　목회자와 신학자 중심의 교회 현실에서 인문학을 공부하는 이가 목소리를 내는 일에 왜 부담이 없겠는가? 그 어떤 글보다 조심스럽게 접근할 수밖에 없었다. 하지만 당당하기로 했다. 모두가 '은혜로다'를 말할 뿐 아무도 외치지 않으니 한 돌이 외친다고.

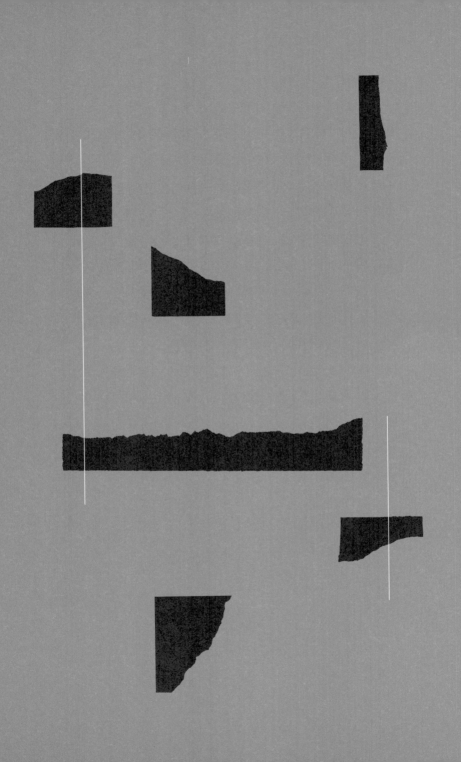

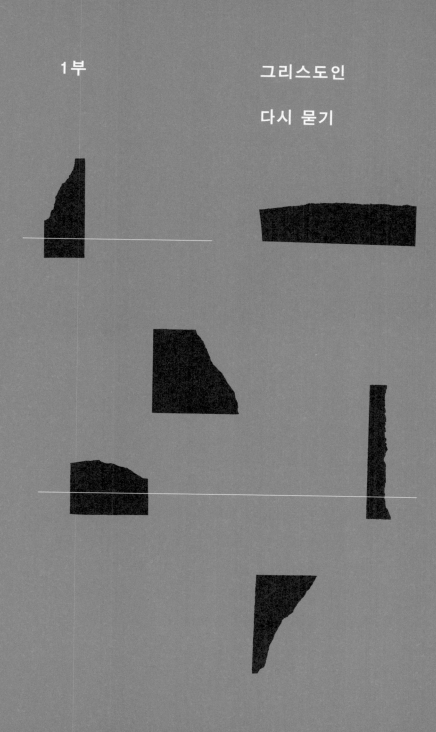

1부

그리스도인
다시 묻기

침묵

세미한 소리를 듣는 힘

 기독교는 말의 종교이다. 구약성경 창세기를 보면 하나님은 말씀으로 천지를 창조하셨다고 한다. 혼돈과 공허와 어둠이 가득 찬 세상에 "빛이 생겨라"창 1:3 말씀하셔서 빛을 만드셨다. 하늘과 해와 달과 별, 그리고 사람을 포함한 모든 생물을 말씀으로 창조하시고, 그 모든 것을 보고 좋았다고 감동을 나타내셨다. 창조의 하나님은 말씀하시는 하나님이다. '말씀의 종교'라는 것은, 기독교가 하나님과 인간이 서로 대화하고 소통하는 인격적인 관계에 기반했다는 의미이다. 하나님은 언어를 사용하여서 자신의 창조 행위를 나타내셨을 뿐만 아니라, 이스라엘 민족과도 말씀을 매개로 소통을 이어 가셨다. 하나님의 형상을 따라 지음받은 인간도 말이라는 매개를 가지고 각 생물의 이름을 지었다. 이름을 불러 줌으로써 모든 생물이 비로소 개별적인 정체성과 존재감을 얻게 되었다.

말씀하시는 하나님은 인간의 소리를 듣기도 하신다. 아담과 그 아들 가인은 하나님과 직접 대화를 나누었다. 믿음의 조상이라고 불리는 아브라함도 그러했다. 신약성경은 말씀을 더 극적으로 묘사한다. 요한복음을 쓴 사도 요한은 예수님이 이 땅에 오신 것을 '말씀'이 육신이 되어 우리 가운데 함께하신 사건이라고 표현했다. 말씀하시는 하나님이 인간의 몸을 입고 우리와 함께하여 소통하시는 것이 성육신이다.

그런데 하나님은 말씀하는 동시에 침묵하기도 하신다. 말씀하시지 않는 하나님, 곧 침묵하시는 하나님도 말씀하시는 하나님과 더불어 중요하다. 말의 부재는 침묵이다. 빛과 어둠이 서로 연결되어 있듯, 말과 침묵도 한 쌍을 이룬다. 기독교는 말씀의 종교인 동시에 침묵의 종교라고 해도 어긋나지 않는다. 침묵은 단순히 언어의 부재가 아니다. 말과 말 사이의 여백을 침묵이라고 한다면, 이 여백은 글자로 새겨지는 말보다 훨씬 더 많은 자리를 차지한다. 이것이 우리가 말의 의미를 넘어 침묵의 소리, 여백의 소리를 들어야 하는 이유이다.

하나님의 침묵,

예수님의 침묵

하나님은 구체적인 말씀을 통해 다가오기도 하시지만 침묵하심으로 더 많은 말을 걸어오기도 하신다. 침묵으로 전달되는 메시지를 파악하기란 그리 간단치 않다. 그래서 하나님의 침묵은 그 자체로 이스라엘에 대한 외면이나 심판 등 부정적인 함의로 읽혔다. 침묵은 곧 버림받음으로 여겨졌고, 버림받은 고통은 하나님과의 인격적인 관계의 단절로 간주되었다.

구약의 시편이나 예언서 곳곳에는 사람들의 부르짖음에 응답하지 않고 침묵하시는 하나님이 나와 있다. 하나님이 말씀하시지 않는 세상은, 무고한 사람의 억울함이 풀리지 않고 악한 지배자의 압제 속에 신음하는 곳이 되었다. 예나 지금이나 종교와 절대자는 가난하고 소외되어 자기 말이 전달되지 않는 사람들이 의지할 마지막 희망이다. 그런 사람에게 하나님마저 눈을 감고 귀를 가리는 현실이라면 너무 고통스럽다. 그런 현실은 성경이 "하나님의 마음에 든 사람"행 13:22이라고 증언하는 다윗에게도 예외가 아니었다.

시편 22편 1-2절을 보자.

나의 하나님, 나의 하나님, 어찌하여 나를 버리십니까? 어찌하여 그리 멀리 계셔서, 살려 달라고 울부짖는 나의 간구를 듣지 아니하십니까? 나의 하나님, 온종일 불러도 대답하지 않으시고, 밤새도록 부르짖어도 모르는 체하십니다.

시인 다윗은 하나님이 자신을 버렸다고, 살려 달라는 외침을 듣지 않아 괴롭다고 고백한다. 그 괴로움의 끝은 모르는 체하시는 하나님이다. 들었으면서도 그 고통을 알면서도, 일부러 못 들은 체 모르는 체하시는 하나님. 하나님과 마음이 통한다고 생각했던 다윗은 예상하지 못한 하나님의 태도에 괴로워한다. 심지어 자신이 사람이 아니라 벌레와 같다고 절망의 탄식을 한다.

시편 22편은 흔히 메시아의 수난을 예언하는 시라고 일컫는다. 이 땅에 메시아로 오신 예수님은 아버지 하나님의 침묵과 외면을 겪으셨다. 예수님은 십자가에서 시편의 시인이 외쳤던 그 고통스러운 외침을 똑같이 던지셨다.

나의 하나님, 나의 하나님, 어찌하여 나를 버리셨습니까?

마 27:46

이렇게 고통을 쏟아 내셨지만, 우리는 복음서의 기록을 통해 예수님이 하나님의 침묵의 의미를 아셨음을 짐작할 수 있다. 선지자 이사야는 장차 메시아가 당할 수난을 다음과 같이 묘사했다.

그는 굴욕을 당하고 고문을 당하였으나, 아무 말도 하지 않았다. 마치 도살장으로 끌려가는 어린양처럼, 마치 털 깎는 사람 앞에서 잠잠한 암양처럼, 끌려가기만 할 뿐, 아무 말도 하지 않았다. 사 53:7

고난받는 메시아의 특징은 침묵이다. 수치와 굴욕과 죽음 앞에서 메시아는 침묵했다. 예수님은 자신이 걸어야 할 길이 무엇을 의미하는지 알았기에 아무 말도 하지 않고 십자가의 고난을 감내하셨다. 예수님을 체포한 대제사장 가야바는 예수님에게서 사형을 선고할 증거를 찾기 위해 증인들을 모아 거짓 증언을 하게 했다. 그러나 그들의 증언은 서로 맞지 않았다. 그럼에도 예수님은 아무런 변명도 하지 않으셨다. 대제사장이 "이 사람들이 그대에게 불리하게 증언하는데도, 아무 답변도 하지 않소?"라고 물을 때에도 예수님은 침묵을 지키셨다 막 14:60-61. 예수님은 침묵하심으로 거짓 증인 앞에서 최소한의 자기방어마저 포기하셨다.

예수님이 체포되고 제자들이 흩어지는 그 혼란한 상황은 또 다른 침묵을 통해 극적으로 그려진다. 예수님이 베드로에게 '닭 울기 전에 나를 부인할 것이다'라고 말씀하셨을 때, 베드로는 다른 사람이 다 배반할지언정 자신은 절대로 예수님을 배반하지 않겠다고 굳게 맹세했다. 하지만 그는 대제사장 집 뜰에서 갈릴리 사람 예수와 한패가 아니냐는 여종의 질문에 세 번이나 부인했다. 그는 진실 앞에 침묵했다. 그렇게 세 번 예수님을 부인했을 때 곧 닭이 울었다.

누가복음 22장 61-62절을 보면, 그때 예수님이 베드로를 보셨고 서로 눈이 마주쳤다. 베드로는 비로소 예수님의 말씀이 생각나서 밖으로 나가 비통하게 울었다. NIV 성경에서는 '주님께서 몸을 돌려서 베드로를 똑바로 쳐다보셨다The Lord turned and looked straight at Peter'고 했다. 이 장면은 성경에 나온 가장 서글픈 침묵 장면이다. 세 번 부인한 베드로를 쳐다보신 예수님. 베드로는 분명 그 얼굴을 마주했다. 예수님의 침묵과 베드로의 침묵, 길지 않았을 그 찰나의 침묵은 어떤 말로도 표현할 수 없는 감정을 전해 준다.

시편 22편에서 다윗은 못 들은 체하시는 하나님 앞에 탄식을 쏟아 냈다. 어쩌면 그 하나님이, 베드로의 부인을 못 들은 체 못 본 체 침묵으로 응시하신 예수님이 아닐까? 못 들은 체하신 하나님이 의인인 양 기도하는 우리의 무지와 부족함을 눈감아 주시는 것은 아닐까? 왜 우리를 외면하시느냐고 하나님께 항의하는 우리의 모습은 절대 배신하지 않겠다면서 세 번이나 예수님을 배신한 베드로에 가까운지도 모른다. 드러나면 심히 통곡할 수밖에 없는, 부끄럽기 그지없는 그런 모습. 그러기에 예수님의 침묵은 우리가 서야 할 그 수치의 자리에 대신 서시겠다는 다짐이다. 이제 무엇을 더 부르짖을 수 있을까? 우리에게 무슨 기도가 더 필요할까? 그 앞에서 침묵 외에 무엇을 더 할 수 있을까?

하나님의 침묵은 외면이 아니다. 우리의 무지와 배신을 대신 감당하고자 못 들은 체하면서 그 자리에 스스로 서신 것이다. 베드로를 바라보는 예수님의 마음, 못 들은 체, 못 본 체하며 서글프게 응시하는 그 모습이, 왜 응답하지 않느냐고 다그치는 우리의 기도를 들으신 하나님의 실제 마음이다.

또한 예수님은 "십자가에 못 박으라" 외치는 자들의 소음을 침묵으로 받으셨다. 자신을 비우고 자기 목소리를 포기하고 침묵하심으로 구원을 이루셨다. 예수님의 침묵은 우리의 삶의 여정에도 중요한 성찰을 준다. 침묵하시는 하나님께 큰 소리로 탄원하기보다, 하나님의 침묵 속에서 들어야 할 작은 소리에 귀 기울일 때야 비로소 우리가 하나님의 뜻을 따른다고 말할 수 있다.

은유적으로 표현하자면, 창조는 말씀하시는 하나님을 통해 이루어졌지만, 인류 구원은 침묵하시는 하나님, 그 앞에서 침묵하셨던 그리스도를 통해 성취되었다. 이 땅에 말씀으로 오신 로고스 예수님은 스스로를 비우셨다. 자기 비움은 곧 말씀의 부재, 침묵이다. 침묵은 무력한 자기 포기가 아니라, 가장 적극적으로 하나님의 뜻을 이루어 가는 방식이다.

세미한

침묵의 소리

성경에서 '광야'는 특별한 의미를 지니는 장소이다. 예레 미야 2장 6절에서 보듯이 광야는 아무도 살지 않는 메마르고 황량한 죽음의 땅을 말하며, 누구도 지나다니지 않는 위험한 장소를 나타낸다.

이스라엘 백성에게 광야는 하나님을 떠난 시험의 장소였 다. 이집트 왕자로 궁전에 살던 모세는 왕궁을 나온 후 광야에 서 40년의 세월을 보냈다. 그는 이곳저곳을 떠돌며 말 못 하는 양을 돌보는 양치기의 삶을 살았다. 그 기간이 얼마나 외롭고 고독했던지, 그는 그 광야 세월을 지내는 동안 입이 뻣뻣하고 혀가 둔한 사람이 되었다. 광야는 말이 부재하는 고독한 침묵 의 공간이었다. 더 나아가 광야는 하나님이 부재한, 하나님이 침묵하시는 곳을 뜻하기도 한다. 인간의 소리가 들리지 않는 공간, 하나님의 말씀이 부재한 공간은 버림받은 공간이다.

신약성경에서도 광야는 세례 요한이나 예수님의 삶에 매 우 중요한 역할을 했다. 세례 요한은 광야에서 거친 옷을 입고 거친 음식을 먹으며 그리스도를 예비하였다. 예수님은 결핍과 단절의 공간 광야에서 욕망을 부추기는 사탄의 유혹을 받으셔 야 했다. 광야는 추위와 갖가지 들짐승의 위험이 도사리고 있 는 곳이며, 세상으로부터 철저하게 단절된 고독의 장소이다.

위험하고 불확실한 현실, 세상과 단절되고 말을 잃은 침묵의 공간이 광야이다.

이러한 현실의 고통이 하나님의 부재라는 인식과 연결되면, 사람을 걷잡을 수 없는 나락으로 몰아갈 수도 있다. 그럼에도 광야가 항상 부정적인 곳으로 인식되지는 않았다. 광야는 인간이 누구나 경험하는, 하나님 앞에서 단독자로 살아가는 인간의 현실을 가장 상징적으로 보여 주는 장소이기도 하다. 어떠한 도움이나 유의미한 소통을 기대할 수 없는 공간, 위험과 결핍, 단절의 공간이기 때문에, 그곳에서 살아남기 위해서는 감각을 예민하게 유지해야 한다. 무엇을 듣는지, 무엇을 보는지, 무엇을 먹는지가 생존과 관련되기 때문이다.

광야의 시간 속에서 우리의 감각이 빚어진다. 그 감각이 키워지고 단련되면 이전에 미처 보지 못하던 것을 더 멀리 더 깊게 볼 수 있고, 듣지 못하던 소리를 들을 수 있다. 잘 듣기 위해서는 절대 침묵이 필요하다. 침묵은 소극적으로는 목소리를 낼 수 없는 현실을 말하지만, 마땅히 들어야 할 소리를 듣기 위해 단련해야 하는 덕목이기도 하다.

성경은 그런 부재와 침묵의 공간이 담당했던 특별한 역할을 다양하게 보여 준다. 때로 침묵은 자신의 속사정을 터놓지 못하고 홀로 속으로 삭여야 하는 답답한 상황을 만들기도 한다. 이해받지 못하고 인정받지 못하는, 목소리가 들리지 않는 상황이 광야의 침묵이다. 그러나 그 강제된 침묵이 한 사람의 내면을 인내하고 겸손하며 온유하게 하도록 다듬고 만들어 가는 역할을 한다.

모세는 젊은 시절의 혈기로 사람을 죽이고 도피한 후 광야에서 은둔한 40년 동안, 이 땅의 모든 사람보다 더 온유한 사람이 되었다. 모세는 그 광야의 호렙산에서 하나님의 말씀, 십계명을 받았다. 갈멜산에서 바알 선지자들과 싸워 승리한 후 큰 낙심과 침체를 경험한 엘리야는 그 광야에서 하나님의 말씀과 대면하였다. 그는 폭풍 속에도, 지진 속에도, 거대한 불 속에도 존재하지 않던 하나님이 광야에서 아주 세미한 음성으로 임재하시는 것을 경험했다.

침묵은 단순한 말의 부재가 아니라 적극적인 귀 기울임이다. 짙은 어둠 속에 비추는 빛이 더 강렬한 법이다. 이처럼 스스로를 더 깊은 고독과 어둠 속으로 던질 때, 더 작고 세미한 소리도 예민하게 들을 수 있다. 어쩌면 하나님은 침묵하시는 것이 아니라 늘 거기 계시며 말씀하지만, 우리가 소음에 갇혀 듣지 못하고 있는지도 모른다. 인간은 계속해서 세상의 소리, 소음을 만들어 낸다. 그 소음이 하나님의 소리를 가리는 현실에서 광야는 하나님께 온전하게 집중할 수 있는 예기치 않은 은총의 공간이다. 그렇기에 말할 수 없는 탄식 같은 깊은 침묵은 그 어떤 부르짖음보다도 간절한 기도이다.

광야의 길에서 살아가려면 우리는 온몸을 낮추고, 멈추고, 세밀한 소리에 귀를 기울여야 한다. 그래서 모든 감각을 예민하게 벼르고 작은 것에 집중해야 한다. 그럴 때 광야는 더 이상 죽음의 그림자가 드리운 메마른 땅이 아니다. 광야의 자리는 예레미야가 말한바 하나님의 인도하심, 구원을 경험하는 자리가 된다.

성경은 곳곳에서 침묵하시는 하나님을 증언한다. 갈멜산에서 바알 선지자들과 싸워 승리한 후 큰 낙심과 침체를 경험한 엘리야는 광야에서 하나님을 만났다. 그는 폭풍 속에서도, 지진 속에서도, 불 속에서도 하나님을 만나지 못하다가 마침내 '세미한 침묵의 소리sound of sheer silence'(NRSV)로 존재하시는 하나님을 찾았다왕상 19:12. 침묵의 소리는 형용 모순oxymoron이다. 말씀하시는 하나님의 또 다른 존재가 침묵이다.

기록된 말씀의 의미를 찾고 이해하고 적용하는 수고 못지않게, 말해지지 않거나 말할 수 없는 침묵의 메시지를 예민하게 인식해야 한다. 표면적인 의미 너머에 있는 언어적·비언어적 텍스트의 모호성과 다중성에 집중해야 한다. 침묵의 소리에 귀를 기울이라는 말이다. 그럴 때 침묵을 둘러싼 여러 가지 상황을 다층적으로 읽어 낼 수 있다. 복음의 메시지는 목소리를 들을 수 없는, 침묵하는 억울한 사람들을 향한다. 성경의 기록들은, 말할 권력을 독점한 이들이 만들어 낸 소음 같은 현실에서 힘없는 사람에게서 나오는 들리지 않는 목소리를 복원하고 있다.

사람들 대부분이 인생에서 경험하는 침묵은 자발적이라

기보다 권리 부재에서 기인한다. 자신의 생각과 삶을 공개적으로 인정받는 데 실패하면, 어둠이 빛의 부재인 것처럼 대부분의 상황에서 침묵함으로써 존재가 지워진다. 이렇게 침묵하는 이들의 소리에 귀를 기울일 때 말의 본질적인 목적인 존재를 회복할 수 있다.

침묵은, 말씀이신 예수님의 성육신과 삶과 죽음으로 출발한 기독교의 역사에서 핵심적인 지위를 차지한다. 스스로를 비워 종의 모습이 되어 십자가에서 죽으신 예수님빌 2:7-8은 말의 권력을 포기하고 침묵하셨다.

교회는 초기부터 말이 가지는 힘, 발화 권력을 인식하고 있었다. 말할 수 있다는 것은 그 자체로 특권이었다. 수도사들은 그리스도를 위해 자신들의 모든 것을 자발적으로 포기한 사람들이다. 그들이 말하는 권리를 버리면서 기독교 역사에서 침묵이 중요하게 인식되었고, 그 가치가 계승되었다. 그러다가 종교개혁을 거치며 개신교 지역에서 수도원이 폐쇄되었고 아쉽게도 침묵의 전통도 꺾이고 말았다. 개신교 종교개혁기 이후 교회는 기독교 역사에서 첫 2세기 이래 가장 시끄러운 시기를 맞았다. 독신 사제와 수도사들이 보여 주던 침묵이나 금욕의 모습은, 여느 사람과 마찬가지로 결혼하여 가정을 이루고 살아가는 목회자들의 소소하고 일상적인 삶으로 대체되었다. 이 변화는 예배와 같은 종교적인 실천에서도 드러났다. 침묵 속에 진행되는 엄숙한 미사 의식을 대신하여 하나님의 말씀을 말로 풀어 전달하는 설교가 예배의 중심이 되었고, 교회의 중심에 있던 제단은 설교단으로 대체되었다. 수도원들이 사라지면서 명상이나 사색의 전통도 함께 사라졌다.

수도회가 폐지된 후 개신교에서는 침묵의 가치가 점차 사라지고 말이 침묵을 압도하게 되었다. 교회 안에서 말, 곧 진리를 대변하는 소리로 인식되는 설교는 강력한 권력이 되었다. 교회는 설교자의 소리를 가장 잘 전달하는 데 초점을 맞추었다. 설교자는 모두를 바라볼 수 있지만, 회중의 시선은 설교자에게만 집중하게 되는 부채꼴 형태의 아고라 광장 같은 교회가 지어졌다.

개신교는 회중 예배에서 설교 외에 새로운 형태의 음악도 만들어 냈다. 루터교회는 시편 가사에 음을 붙인 찬송가를 유럽 대륙에 퍼트려 종교개혁을 확산시키는 데 효과적인 도구로 삼았다. 기독교 역사에서 회중들이 함께 부르는 찬송가가 생기고 발전하기 시작했다. 사람들은 날카로운 말씀과 뜨거운 찬양이 있는 열정적인 예배에서 하나님을 찾았다.

그러던 교회에 갑작스럽게 침묵이라는 단어를 떠올리게 하는 일이 생겼다. 유럽은 제2차 세계대전과 홀로코스트 와중에 침묵을 대면했다. 하나님도 사람들도 침묵했다. 전쟁이 끝난 뒤 참상 속에서 많은 사람들은 하나님께 왜 침묵하셨는지 물었다. 하지만 그렇게 묻는 사람들은 자신의 부모가, 형제자매들이 왜 그러한 참상을 외면하고 침묵했는지는 잘 묻지 않았다. 그들은 질문의 대상을 잘못 선택했다. 홀로코스트는 하나님이 인간을 심판하신 사건이 아니라 인간성을 상실한 유럽인들이 침묵하며 동조했기에 일어난 사건이었다. 나치의 유대인 학살 이전에도 이미 유럽의 많은 국가와 미국은 사회진화론에 근거하여 집시, 동성애자, 장애가 있는 사람들, 중범죄자, 알코올 중독자 등에 대한 반인륜적인 단종법을 시행했다. 그들은 목소리를 낼 수 없는 강제된 침묵 때문에 목소리가 들리지 않는 이들 편에 서지 않았다. 그러니 자신들이 침묵한 일을 하나님 탓으로 돌릴 수 없고 돌려서도 안 된다.

두 침묵을 경험하면서 그 누구도 하나님의 뜻이 무엇인지 섣부르게 얘기할 수 없게 되었다. 어쩌면 우리네 한국 교회의 경험도 크게 다르지 않을 것이다. 짧은 기간 세계가 주목하는 양적 성장을 경험하면서 교회는 인정과 영향력의 자리에 익숙해졌다. 늘 자신만만했다. 빼어나고 탁월한 설교자의 입에 수천 수만에 이르는 사람들의 눈과 귀가 집중되는 현장에서 침묵이 설 자리는 그 어디에도 없었다. 한국 교회는 침묵하지 말아야 할 때 침묵했고, 목소리를 내야 할 때 침묵했다. 어느 순간부터 한국 사회에서 기독교의 소리는 들리지 않게 되었다. 그들의 소리는 소음으로 여겨졌고 텅 빈 언어로 인식되었다.

침묵의
의미

이제 기독교 전통에서는 잊힌 침묵의 소리를 고민해 본다. 개신교인들은 대체로 말씀을 잘 배우고 묵상하는 일의 가치를 앞자리에 둔다. 말씀 안에서 하나님의 뜻을 확신하고, 그 삶을 살아 내려 애쓴다. 더 선명하게, 더 확실하게 이해하고 깨달아야 하므로 확신이라는 단어는 참 중요했다. 이처럼 성경을 깊이 있게 공부하고 묵상하는 훈련, 신학의 훈련도 필요하지만, 침묵도 계발해야 할 덕목이다. 현대 그리스도인들은 말씀의 부재가 아니라 침묵의 부재를 경험하는지도 모른다. 그러나 침묵이 무엇인지 알아야 비로소 우리는 침묵해야 할 때와 말을 해야 할 때를 구분할 수 있다.

우리 시대 교회가 예언자의 목소리를 잃어버린 이유는 무엇일까? 침묵하는 자리에 서 본 적이 없기 때문 아닐까. 하나님은 침묵당하는 자의 하나님, 목소리가 들리지 않는 자들의 하나님이다. 예수님의 그 죽음은 들리지 않는 자, 말을 빼앗긴 자들을 위한 죽음이었다. 그러므로 우리의 탄원과 기도 역시 잃어버린 자들의 목소리를 찾아 주려는 몸부림이어야 한다.

목소리를 잃어버리는 것은 고통이다. 우리는 그 고통의 과정을 지나고 있다. 고통은 우리를 엇나가게 할 수도 있고, 더 깊은 하나님의 신비에 참여하게 할 수도 있다. 들리지 않는 자의 편에 서는 법을 배우는 것이 그 고통의 궁극적인 목표이다.

예수 그리스도의 고난과 죽음은 강제된 침묵 속에 있는 우리를 위한 죽음이다. 예수님은 재판장의 자리에서 판결을 내리기보다, 우리를 대신하여 우리가 서야 할 피고인의 자리에서 침묵하며 십자가를 지셨다. 우리는 하나님께 왜 침묵하셨느냐고 묻지만, 하나님이신 예수님은 이미 침묵을 강제하는 억울한 그 자리에 서 계셨다. 지금도 성령께서는 침묵의 소리로 우리와 함께하신다. 성령께서는 '말로 표현할 수 없는 고뇌 groans that words cannot express' 속에서 연약한 우리를 대신해 기도하신다롬 8:26.

우리도 말로 표현할 수 없어 그저 속이 타들어 가는 침묵 속에 지켜보아야 하는 상황을 마주할 때가 있다. 한마디도 내뱉을 수 없어 꺽꺽대며 가슴만 치는 그런 상황 말이다. 그것이 어쩌면 우리를 바라보는 하나님의 심정일지 모른다. 그 앞에서 우리는 다만 잠잠하게 된다. 하나님의 침묵은 우리의 가장 큰 고통을 함께 아파하는 그분의 방식일지 모른다.

그렇기에 침묵을 연습하는 것은 십자가의 예수 그리스도를 따라가는 삶의 가장 극적인 실천 방식 중 하나이다. 때로 침묵은 그 어떤 설교와 웅변보다 더 깊게 전달된다. 그럴 때 우리는 침묵하며 값을 치른 예수의 삶을 어떻게 살아 낼 것인가 고민하게 된다. 기독교는 잊힌 것, 망각 속에 있는 것을 기억해 내게 하고 들리게 한다. 강제된 침묵 속에 있는 것들을 구원해 내는 것 역시 기독교이다.

말씀의 뜻을 헤아리는 것처럼 침묵의 뜻을 헤아리고 그 소리를 듣는 것은 기독교 영성에서 중요한 자리를 차지한다. 기독교 신앙의 흔한 오해 중 하나는 모든 것을 말씀 안에서 명확히 이해해야 한다는 것이다. 누구도 인생길에서 확실성을 선뜻 담보하지 못한다. 마찬가지로 신앙 역시 보이지 않는 희뿌연 안개 속을 헤쳐 가는 여정이다. 말씀을 잘 이해하고 그 속에서 개개인에게 두신 확실한 뜻을 추구하는 애씀이 필요하지만, 더 많은 순간에 침묵 속의 소리를 읽고 해석해 나가는 수고도 필요하다.

주변의 소음과 내면의 시끄러움에서 한 걸음 떨어져 작게 들리는 침묵의 소리를 들을 수 있는 자기만의 광야를 어디에 마련할 수 있을까? 말로 표현할 수 없는 탄식으로 함께하시는 성령께 같은 탄식으로 우리를 내려놓을 공간 말이다. 나만의 기도실이 그 공간이 될 수도 있고, 일터 작업실, 반려견과 함께하는 산책길, 아이들을 기다리는 운전석이 그 공간이 될 수도 있다. 그 안에서 말씀을 묵상하듯 하나님의 침묵을 묵상하고, 어둠 가운데 한 가닥 희미한 빛을 발견하듯 침묵 속에 들리는 한 작은 소리를 듣는 행복을 누려 보자. 침묵은 가장 적극적 의미의 경청이다. 그리고 들리지 않는 이들과의 가장 속 깊은 연대이다.

신앙에서 중요한 침묵의 가치를, 개인과 교회가 되돌아보아야 할 때이다. 말하기보다 귀 기울여 듣는 것이 오늘날 그리스도인이 앞세울 가치 아닐까. 우리가 사는 시대는 듣는 이들이 희귀하기 때문이다.

순례

바빌론에서 시온의 노래 부르기

성경에서는 그리스도인을 나그네, 외국인 또는 이방인에 비유하는 사례가 많다. 자연히 그리스도인이 모인 공동체는 나그네 공동체, 이방인 집단이 된다. 이 땅에서 살아가는 그리스도인을 나그네라고 하는 비유 역시 우리에게 낯설지 않다. 요즘은 거의 부르지 않지만 한때 많이 부르던 찬양이 있다. "죄 많은 이 세상은 내 집 아니네 / 내 모든 보화는 저 하늘에 있네 / 저 천국 문을 열고 나를 부르네 / 나는 이 세상에 정들 수 없도다." 이 땅의 헛된 것이 아닌 영원한 하나님 나라에 소망을 두고 살아가자는 메시지를 담은 노래이다. 기독교 고전으로 회자되는 《천로역정》도 하나님 나라에 들어갈 때까지 세상의 여러 유혹을 극복하는 이야기를 담고 있다.

교회와 그리스도인을 나그네로 비유하는 것은 이 땅에서 교회가 커지고 영향력을 갖게 되면서 많이 사라졌다. 이런 비유와 이야기가 세상과 하나님 나라를 나누는 이분법적 사고라고 보았기 때문이다. 그러고는 이제 그리스도인은 적극적으로 이 세상을 변화시켜야 하는 변혁의 주체라며 청지기로서의 자의식을 강조했다.

일시적으로 지나가는 나그네와 영원한 책임을 맡은 청지기. 이 둘은 서로 모순되거나 대립하지만은 않는다. 다만 기독교가 스스로를 주체로 인식하여 과도한 주인의식을 가지면서 생기는 부작용은 우려된다. 교회가 세상에 목소리를 내고 영향력 있는 집단이 되고자 하다 보니, 은연중에 세속의 가치를 그대로 받아들이는 위험에도 직면하게 된다. 세속의 성취와 영향력을 하나님의 축복으로 여기는 순간, 교회와 세상의 경계가 모호해진다.

그렇다면 다시금 그리스도인을 나그네로, 이 땅의 교회를 나그네 공동체로 놓고 새롭게 생각해 보는 것은 어떨까?

나그네

정착 생활을 요구하는 농업문화가 지배적이었던 한국 사회에서 나그네란 정처 없음, 떠돌이, 침입자 등의 부정적인 단어와 연결되어 왔다. 그러다 보니 한국 사회 공동체에서는 새롭게 들어오는 외지인을 늘 경계하고 집단적으로 배척하기도 한다.

반면 성경의 배경이 되는 팔레스타인 지역에서 나그네란 조금 다른 의미를 가진다. 이 지역은 정주하는 농업 문명보다 가축을 먹이기 위해 철마다 풀을 찾아 이동하는 유목 문화가 발달했다. 유목민들의 이동은 이미 한곳에 터를 잡고 정착한 정주민들을 만날 때 마찰 요인이 되기도 했다. 그러나 누구든 나그네가 될 수 있는 사회·경제 구조 안에서 유목민과 정주민이 자연스레 서로를 돌보고 대접하는 문화가 발달했다. 창세기에 나오는 아브라함도 수없는 이주를 통해 나그네에게 베푸는 환대를 경험했고, 그 자신도 타인에게 환대를 베풀었다.

성경의 기록에서 나그네의 삶, 거류 외국인으로 사는 삶은 계속해서 이어진다. 이집트에서 노예 생활을 하던 이스라엘은 그곳에 거주하는 외국인이었으며, 이집트에서 나온 이후에는 광야에서 나그네로서 생활했다. 그래서 성경에서도 나그네를 잘 대접하라는 환대출 23:9에 대한 구절이 여럿 등장한다. 누구든 한순간 나그네와 거류 외국인이 될 수 있으므로, 그들은 서로 자연스레 상호의 환대에 기댈 수밖에 없었다.

나그네의 삶이란 언젠가 정착하기 위해 임시로 거치는 과정이 아니라 죽을 때까지 이어지는 정체성의 일부이며, 하나의 독립적인 문화 현상이다. 그러니 "이 세상은 내 집 아니네 / 내 모든 보화는 저 하늘에 있네"라는 말은, 엄밀히 말하자면 들어맞지 않는다. 이스라엘 백성이 출애굽할 당시 그들은 몸뚱이 하나만 달랑 빠져나와 40년 동안 광야 생활을 했을까? 그렇지 않다. 그들은 이집트의 많은 보화도 가지고 나왔다.

나그네 삶의 핵심은 이 땅의 소망 없음과 천국의 소망이 아니다. 나그네로 거쳐 가는 동안 이 땅에서 경험하고 만나는 모든 과정에서 나그네들이 어떤 모습을 보여 주며, 그 나그네 공동체가 기성 질서와 문화에 어떤 영향을 주느냐를 살피는 데 있다.

익숙한 터를 넘어 다른 경계 안으로 들어오는 경험은, 흔히 우월하다고 여겨지는 지배적 문화권으로 들어오는 불균형의 경험이다. 우리의 정체성이나 문화가 지배 문화권이 보여 주는 배타성이나 편견을 겪을 때 우리는 주변성·한계성을 마주하며, 그 속에서 살아가는 이들은 경계인이 된다. 경계에 서 보는 삶, 경계인이 되는 경험, 그 속에 유쾌하지 못한 기억이 들어올 수도 있다. 완전히 수용되지도 못하고, 그렇다고 다시 이전의 문화로 완전히 돌아가지도 못하는 이중의 공간에 갇히게 된다. 사회학에서는 이런 경계인들의 선택지를 동화

assimilation, 회귀return, 균형poise, 초월transcendence이라는 네 좌표로 표현한다. 완전히 동화되거나, 과거의 문화로 돌아가거나, 그 안에서 비틀거리며 균형을 시도하거나, 아니면 그 모두를 초월하는 것이다. 완전한 초월이 가능한지는 모르겠다. 어쩌면 이 속에서 대부분이 선택하는 것은, 평균대 위에서 팔을 들어올려 균형을 유지하려고 애쓰는 삶이 아닐까.

혼종성

균형 잡기를 추구하는 가운데 생성된 가치를 문화 혼종성hybridity이라고 표현한다. 혼종성은 이질적인 문화권에 살면서 경계인이라는 정체성을 유지하며 지배 문화와의 균형 잡기를 시도할 때 얻어지는 결과물이다. 혼종성은 정체성을 포기했다는 혐의를 받기도 한다. 그렇기 때문에 누가 강제하지 않아도 자기 검열과 긴장을 쉽게 버리지 못한다.

그런데 사실 모든 새로운 문화는 경계와 경계가 만나는 공간에서 이루어졌다. 경계에 있는 사람은 불안정하고 정해진 틀이 없어서 낯선 것을 수용할 줄 안다. 혼종성이 창조하는 문화는 지배 문화에 젖은 사람들에게 자신을 돌아보게 하고, 비주류 경계인들의 정체성과 고민을 들려줄 수 있다. 한국계 미국인 작가 이민진의 장편소설 《파친코》 같은 작품이 그 대표적인 사례겠다.

　나그네, 거주 외국인이 생성한 혼종성에 관한 극적인 사례는 B.C. 586년 남유다가 바빌로니아에 패하여 유다 백성들이 강제로 바빌로니아로 이주했던 상황에서 찾을 수 있다. 이들 유목민은 자신들의 문화나 언어, 관습 등은 오롯하게 지킬 수 있었지만, 흩어져 이주하게 되었으므로 바빌로니아 제국 문화 속에서 원소속 집단의 정체성을 지켜 나가는 데 어려움을 겪었다. 이주한 집단의 선택은 지배 문화에 동화되어 자신들의 문화를 잃어버리는 것이 될 수도, 고유한 원문화를 올곧게 지키는 것이 될 수도 있다. 그 어떤 선택이든 지배 문화와 이주해 온 문화가 공존하며 긴장을 유지하게 된다.

　이제 유다 백성들은 나그네에서 거주 외국인으로 바뀌었고 그 정체성 가운데 하나로 경계성liminality이 자리 잡는다. 그들은 여기에서도 저기에서도 환영받기 어려운, 그 어디에도 온전하게 속하지 못하며 이중으로 배척을 받는다. 나그네이자 외국인, 경계인의 설움을 잘 나타낸 것은 시편 137편에 나오는, 바빌론 강가에서 고향을 기억하며 울었던 유다 백성에 관한 기록이다. 포로로 끌려간 그들은 하루의 고된 노동을 마치고 어스름한 저녁 무렵 바빌론 강가에 앉아서 떠나온 고향을 기억하며 울었다.

　제국 사람들은 그들을 괴롭히며 고향의 즐거운 노래를 부르라고 요구했다. 자신들을 짓밟은 자들 앞에서 억지웃음을 지으며 흥을 돋우는 것은 수치와 모멸감이 따르는 일이다. 유다 백성들은 고향의 노래, 시온의 노래를 어떻게 불렀을까? 여기에서 시온의 노래를 불렀다는 말은 일종의 역설이다. 바빌로니아 사람들이 부르라고 한 '시온의 노래'는 이스라엘을 향한 여호와의 구원과 자비에 대한 노래이다. 그들은 제국의 중심부로 강제 이주한 나그네의 삶을 살면서도 자신들의 정체성인 시온을 잊지 않았다. 유다 백성은 바빌로니아 사람들 앞에서 시온의 노래를 불렀고, 역설적이게도 바빌로니아 사람들은 유다 백성들이 부르는 여호와의 노래, 이스라엘의 구원의 노래를 듣게 되었다.

바빌로니아 유수 70년이 지난 후에 귀환한 사람들도 있지만, 그 땅에 남아 헬레니즘 문명권 전역으로 흩어져 뿌리내린 사람들도 있다. 이들을 가리켜 '디아스포라'라고 한다. 가장 큰 디아스포라 공동체는 이집트에 있었다. 헬레니즘 문명이라는 당대의 거대한 지배 문명 속에서 그들은 민족적·종교적 정체성을 지키고 그 정체성을 세대 간에 계승해야 하는 고민을 안고 있었다. 히브리 말보다 헬라 말에 익숙해진 세대에게 히브리의 종교적 정체성을 이어 가는 일은 쉽지 않았다. 그 해결책의 하나로, 가장 큰 디아스포라 공동체가 있던 이집트 알렉산드리아에서 히브리 말 성경을 헬라 말로 번역하는 작업이 이루어졌다. 이 번역 성경을 '칠십인역'이라고 부른다.

유대인의 경전이 헬라 세계의 공용어인 헬라어로 번역되

면서 뜻하지 않은 문화 혼종성이 출현했다. 이로써 유대의 종교에 관심을 가진 헬라인들이 자기들의 언어로 번역된 성경을 읽을 수 있게 되었다. 비록 유대교에 입교하지는 않았지만, 그들 중에서 히브리인들의 하나님을 믿고 경외하는 무리가 생겼다. 이방인이면서 여호와 신앙을 가진 그들을 가리켜 '하나님을 경외하는 자들God fearers'이라고 일컫는다. 사도행전 10장은 백부장 고넬료에 대해 "그는 의로운 사람이요, 하나님을 두려워하는 사람"이라고 표현하고 있다22절.

혼종성은 거기서 머물지 않았다. 헬라인이면서 히브리 종교의 주변에 머물던 사람들이, 유대인이든 헬라인이든 문명인이든 야만인이든 차별이 없는 그리스도의 복음을 듣고 기독교로 빠르게 개종하였다. 이것이 얼마나 놀라운 일이었는지, 사도 베드로는 "나는 참으로, 하나님께서는 사람을 외모로 가리지 아니하시는 분이시고, 하나님을 두려워하며, 의를 행하는 사람은 그가 어느 민족에 속하여 있든지, 다 받아 주신다는 것을 깨달았습니다"행 10:34b-35라고 고백했다.

식민지 백성의 설움을 겪으면서도 그에 굴하지 않고 고향의 노래를 부르는 그 절개, 그 의지는 놀랍게도 바빌로니아 제국의 사람들에게 이스라엘 사람들이 가진 신앙과 가치를 생각하게 만들었다. 그들은 이방 땅에서 온갖 고역을 치르며 슬픈 나그네의 삶을 살았다. 하루의 노동을 마친 후 바빌론 강가에 앉아서 처량한 자신들의 신세를 한탄하며 떠나온 땅 시온을 기억하며 울었던 것 같다. 그런 마음을 아는지 모르는지 그들을 지키는 파수꾼들은 그들에게 고향의 노래를 부르라고 요구했다. 그들은 서러움과 수치를 머금고 고향의 노래를 불렀을 것이다.

현실에서 살아남기 위해서라면, 어쩌면 고향을 기억하기보다 잊는 편이 나을지도 모른다. 포로 신분으로 살아가는 현실에서 과거를 기억하고 돌아보는 것은 아무 소용이 없다. 과거의 기억에는 좋은 추억보다 슬픔이 더 많았으며, 그런 과거를 기억하고 돌아보는 일은 오히려 현실의 곤고함을 더 크게 자각시킬 뿐이었다. 그럼에도 그들은 예루살렘을 잊을 수 없었고, 그것을 기억하는 일을 다른 어떤 즐거운 일들보다도 좋아했다.

기억한다는 것은, 때로 돌아갈 수도 없고 바꿀 수도 없는 과거에 머물며 현실을 부정하는 삶처럼 여겨질 수도 있다. 실제로, 좋았던 그때 그 시절을 얘기하며 현실을 마주하지 못하는 사람들도 있다. 기억을 현실 도피의 도구로 삼는 일도 분명 존재하지만, 기억하는 행위는 그보다 더 적극적인 의미를 지닌다. 이스라엘 사람들에게 기억한다는 것은 현재 나의 상태를 만든 과거를 직시하겠다는 태도이다. 과거 그들의 잘못과 허물을 핑계하지 않고, 그것에서 벗어나서 적극적으로 하나님의 은혜를 구하고자 하는 다짐이다. 이 기억은 그들이 하나님께로 마음을 진심으로 돌이켜 돌아갈 때 다시 은혜를 베푸시는 그 하나님의 약속에 대한 신뢰가 전제된다.

그렇기에 그들이 강가에서 과거를 기억하는 행위에는 절망의 상황 속에서 하나님에 대한 희망을 찾아가려는 의지, 회복을 이루어 가실 하나님께 대한 감사가 들어 있다. 우리도 곤고할 때 우리의 창조자를 기억할 수 있다. 그 앞에서 나를 이 땅에 보내신 하나님의 뜻과 창조 목적, 섭리를 묵상할 수 있다. 나의 마음 가장 깊숙한 곳까지 꿰뚫어 보시는 하나님을 기억할 때 진심으로 은혜를 구하며 엎드릴 수 있다.

우리 그리스도인들에게 '기억할 수 있음'은 그 무엇과도 비교할 수 없는 은총이요 특권이다. 어둠 속에서 불러내어 그의 기이한 빛을 경험하게 하신 하나님의 은혜는 오늘의 무력감, 답답함, 미래에 대한 불안을 안고 의연하게, 하나님의 자녀답게 뚜벅뚜벅 걸어갈 수 있는 근거가 된다. 우리에게 기도는 잊힌 하나님의 부르심을 다시 듣고자 멈추는 자리이며, 말씀 묵상은 우리에게 베푸신 하나님의 은혜를 헤아리는 자리이다.

그리스도인들에게 기도와 말씀, 의례는 몸으로 기억하기를 배우는 수단이다. 수영이나 자전거처럼 몸으로 배운 것은 시간이 지나도 사라지지 않는다고 한다. 일시적으로 서툴거나 어색할 수 있을지언정 곧 몸은 배어 있는 기억을 실행한다. 이처럼 그리스도인으로서 우리가 평상시 행하는 것들이 우리 몸속에 기억되어 영성을 만들어 간다.

기억하는 삶에는 멈추어 서서 되돌아보고 곱씹어 보는 과정이 필요하다. 우리의 예배가, 우리의 묵상이, 우리의 기도가 희미하게 남아 있거나 망각에 묻혀 있는 하나님에 대한, 은혜에 대한, 그리스도와의 만남에 대한 기억을 다시 불러올 수 있기를 바란다. 그때 소환되는 기억이 좋은 추억만은 아닐 것이다. 수치스럽고 분통 터지고 다시 떠올리고 싶지 않은 것들도 함께 떠오를 것이다. 그런 중에도 우리의 손을 잡고 오늘 지금 이 자리까지 이끌어 오신 은혜를 잠잠이 헤아려 본다. 그 은혜를 헤아릴 때 다시 내일을 향해 걸어갈 힘이 생기지 않을까?

과거를 기억하고자 한 유다 사람들이 번역한 헬라 말 성경 번역이 복음의 세계화를 가져왔다. 헬라 문화 속에 경계인으로 살던 유대인들이 성경 번역으로 만들어 낸 종교적 혼종성은, 여호와 신앙을 간직한 종교적 경계인 헬라인들이 그리스도의 세계로 들어올 토대를 마련해 주었다. 바빌론 강가에서 시온의 노래를 부르며 괴로워하던 바로 그들을 통해 일어난 놀라운 일이다. 이처럼 혼종성은 경계 속에서 새로운 창의성을 만들어 낸다. 무균실의 삶에서는 생명이 이어지지 못한다. 나와 타자, 원문화와 새로운 문화, 나그네 혹은 외국인의 삶은, 고립 속에 시들거나 경계선에서 새로운 창조를 이루어 낸다. 기독교 역사는 이 혼종성의 결과이다. 초기 기독교의 확장은 경계에서 이루어졌다.

콜로니

　　교회 공동체를 이질적인 두 문화의 긴장, 그 속에서 생성되는 혼종성과 연결해서 생각해 보자. 스탠리 하우어워스와 윌리엄 윌리몬은 그리스도인을 이 땅을 살아가는 '거류 외국인resident alien'으로, 그리스도인의 공동체인 교회를 하나님 나라의 '콜로니colony'로 설명했다. 콜로니는 두 가지 의미가 있다. 하나는 식민지, 또 하나는 같은 생육 조건에서 떼를 지어 자라는 식물 집단이다. 성경에 등장하는 콜로니를 식민지라고 번역해서 사용하는데 여기에는 오해의 소지가 있다. 식민지란 흔히 강대국이 약소국을 침략해서 지배하는 땅을 칭할 때 사용하는데, 이 맥락에서의 의미는 식물 군락 쪽에 가깝다.

　　어쨌거나 익숙한 듯 낯선 비유이다. 어떻게 설명할 수 있을까? 빌립보서 3장 20절에서 사도 바울은 우리의 시민권이 하늘에 있다고 했다. 아마 밴쿠버의 많은 한인들도 그러할 텐데, 시민권은 한국에 있지만 몸은 캐나다에 살고 있다. 현재 한국 이주민들은 캐나다 사회에 완전히 동화되어 한국의 언어와 문화를 더 이상 지키지 않는가? 그렇지 않다. 오히려 캐나다 안에서 '작은 한국'을 만들어 살고 있다.

　　식민지의 대표적인 예로는 카르타고를 들 수 있다. B.C. 200년쯤에 북아프리카에 있는 카르타고 공화국과 로마 제국이 전투를 벌였다. 유명한 로마의 스키피오 장군과 카르타고의 한니발 장군이 이때 등장한다. 스키피오가 이끄는 로마군이 한니발을 무찌르고 카르타고를 점령했다. 그 후 다시 카르타고가 일어설 것을 두려워한 로마는 카르타고를 철저히 파괴하고 도시를 폐허로 남겨 두었다. 북아프리카에 폐허로 남겨둔 로마 점령지에 다시 식민지를 건설한 것은 성경에 나오는 가이사 아구스도(아우구스투스) 때의 일이다. 로마 사람들을 북아프리카로 이주시켜 로마 사람들의 언어와 문화를 이식했다. 이렇게 북아프리카에 작은 로마가 탄생했다. 그 결과 이 북아프리카는 기독교 초기 로마 문화를 기독교화하는 데 가장 중요한 사상의 구심점 역할을 했다.

카르타고에 이식된 로마처럼, 이 땅의 교회는 이식된 천국이다. 하나님 나라의 문화와 가치관을 사용하면서 살아가는 사람들의 이주 공동체이다. 이 이주 공동체에 거주하는 외국인들은 '시온의 하나님을 알지 못하는 땅에서 시온의 노래를 부르며 살아가는 법을 배우는' 사람들이었다. 이 독특한 언어와 삶의 방식이 세대를 거쳐 전승되었다.

하지만 이 거주 외국인들이 섬처럼 단절되어 살지는 않는다. 바울이 말한 그 콜로니는 섬이기보다는, 다른 식물 군락들과 조화롭게 무리 지어 살아가는 독자적인 집단이다. 동일한 지역에 거주하면서도 외국인으로 남는다는 것은 그 삶에 늘 긴장과 외로움이 잔존한다는 말이기도 하다. 그래서 혼합이나 고립을 선택하기 쉽다. 그들과 같아지거나, 담을 쌓고 섬처럼 살아가거나 한다. 그러나 그들의 삶은 기존의 다른 군락들을 없애고 자신들의 군락으로 채우지 않는다. 다른 군락의 영향력에서 벗어나기 위해 스스로 울타리를 두르고 살아가지도 않는다.

교회의 운명도 이와 같다. 유대인들이 바빌로니아에서 형성한 디아스포라 공동체의 선한 영향력을 통해, 베들레헴 한 작은 마을에서 시작된 기독교가 소아시아 전역으로 빠르게 흩어졌다. 이처럼 교회도 제국 안에 조화롭게 살아가면서도 그에 속하지 않고 이중의 정체성을 유지할 때 세상의 변화를 이끌어 낼 수 있다. 교회는 이 세상이라는 생태계를 조화롭게 이끄는 한 부분이 되어야 한다. 그 선을 넘어 지배 군락이 되고자 하면, 외래종이 들어와 기존의 생태계를 망가뜨리는 것 같은 역할을 하게 될 것이다. 우리는 나그네의 겸손함으로 우리의 군락에서 시온의 노래를 불러, 그 노래가 아름답게 이웃에게 들리게 해야 한다.

그리스도인들은 거대한 제국 안에서 살아가지만, 스스로 주변과 나그네의 자리에 서는 사람들이다. 그런데 사도 베드로는 이들이 하늘의 택함을 받은 존재라고 한다. 나그네의 삶이란 어디서든 주체·주류가 되기 어렵다. 그러나 그 삶을 어떻게 살아 내느냐에 따라 주변에 울림을 줄 수 있다. 다르게 살아가는 모습을 보여 줌으로써 반향을 이끌어 내는 것이다. 5리를 가자고 하면 10리를 가는 삶, 속옷을 달라고 하면 겉옷까지 내어 줄 수 있는 삶 말이다.

신앙은 역설이다. 예수님을 믿는다는 건 얻어맞을 때 오히려 축복해 줄 수 있는 사람이 된다는 뜻이다. 무저항이 가장 큰 저항이고, 비폭력이 가장 힘센 무기이다. 복음은 무력과 힘으로 세상에 퍼지지 않았다. 나그네를 환대하고 평화를 실천하면서 세상을 이겼다. 히브리서에서는 이를 세상이 이기지 못하는 힘이라고 했다. 그 힘은 어쩌면 우리가 잃을 것이 없을 때, 나그네의 자세를 가질 때 비로소 길러지는 것일지도 모른다.

우리는 세상의 변혁을 위해 부름을 받았다. 그렇다면 세상을 바꾸는 방식은 무엇일까? 어떻게 바꿀 수 있을까? 분야마다 영향력을 미칠 수 있는 자리를 차지하는 것일까, 아니면 다른 삶을 살아가는 걸 보여 주는 것일까? 이 땅에 대한 집착을 소명으로 오해하고 싶은 욕망이 생기기도 한다. 그러나 진정한 나그네에게는, 이 땅에서 살아가지만 이 땅의 가치에 매몰되지 않는 절개가 있다. 그들은 제국 문화의 주변부에 머물면서도 중심을 부러워하지 않는다. 그런 모습이 보이고 들리고 느껴질 때 우리가 의도하지 않더라도 중심을 흔들 수 있다.

우리가 할 일은 세상 속에서 나그네로 우리의 시온의 노래를 부르는 것이다. 이것이 하늘을 향해 의연하게 걸어가는 나그네의 힘이다.

영성

교회의 시간을 찾아서

역사는 특정 공간*spatium* 속에 나타난 변화를 시간*tempus*의 흐름을 따라 추적하는 학문이다. 그 목적은 시대를 분별하여 읽어 주는 데 있다. 코로나 같은 전염병 때문에 마주하게 된 비자발적인 멈춤의 시간을 어떻게 보내야 하는지, 내 생각을 나누고자 한다.

누가복음 10장의 마리아와 마르다의 이야기를, 교회 역사에서는 예수님을 따르는 제자의 삶을 대표하는 두 가지 방식으로 읽어 왔다. 몸을 부지런히 움직여 예수님을 섬기는 것도 영성의 한 표현이고, 모든 것을 잠시 내려놓고 잠잠히 예수님 발치에 무릎을 꿇고 시간을 보내는 것 역시 깊은 영성의 표현이다. 그래서 수도원 전통도 크게 마르다의 영성을 따르는 수도회와 마리아의 영성을 따르는 수도회로 나뉜다. 전자의 수도회를 '활동 수도회active order'라 하고 후자를 '관상 수도회contemplative order'라고 표현한다. 이 두 가지 형태의 수도회는 동시대에 공존해 왔지만, 시대에 따라 마리아의 영성이 강조되기도 하고 마르다의 영성이 강조되기도 했다. 주류가 교체되어 나타나는 이 흐름은 우리가 문을 열고 나가야 할 때와 골방으로 들어가 잠잠해야 할 때가 각각 존재함을 보여 준다.

몇 해 전까지 밴쿠버에 있는 리젠트 칼리지에서 가르치다가 지금은 미국의 한 성공회 신학교로 옮겨 영성 신학을 가르치는 한스 부어스마라는 신학자가 있다. 2019년 11월에 쓴 그의 짧은 칼럼 하나를 읽었는데, 제목은 "마르다가 돌아왔다Martha has made a comeback"이다. 칼럼은 이렇게 시작한다.

점점 더 많은 사람들이 마르다의 정신없이 바쁜 삶을 존경하고 추종한다. 반면에 마리아나, 마리아처럼 딴 세계의 삶을 사는 것 같은 사람들은 시대에 뒤처진 것으로 간주한다. 내가 말하고 싶은 것은, 이렇게 성경적 우선순위가 뒤집어진 것은 근대화의 결과라는 것이다. 어쩌면 근대성이란 우리가 성찰적 삶을 외면한 부산물이라고 하는 것이 더 맞을지도 모르겠다.

마르다의
시간

한스 부어스마의 말을 뒤집어 얘기하자면, 중세 혹은 전근대는 마리아와 같은 성찰의 삶이 우선되는 시대였다는 것이다. 프랑스 중세사가 자크 르 고프는 중세 유럽의 '시간' 관념의 변화를 추적하면서, 어떻게 마리아의 시대가 마르다의 시대로 전환되었는지를 보여 주었다. 그리고 이것을 기반으로 근대 세계의 등장을 설명했다.

르 고프는 중세의 시간을 '교회의 시간church's time'과 그에 대응해 나중에 등장한 '상인의 시간merchant's time'으로 구분했다. 교회의 시간은 수도회의 일과에 따른 시간이다. 기도와 노동과 공부를 세 가지 큰 가치로 생각했던 수도원의 시간은, 자연 절기에 따라 일출과 일몰을 기준으로 정해졌다. 교회의 시간은 본질적으로 자연의 시간이자 농부의 시간이었다. 중세에는 자연 채광을 받을 수 없는 밤까지 일이 이어지는 경우가 거의 없었다. 여름에는 더 일찍 일어나고 더 늦게까지 생활하고, 겨울에는 좀 더 느슨한 일과를 누렸다. 여름에는 노동 시간이 늘어났고, 겨울에는 잠잠히 침묵하고 기도하는 시간이 늘어났다. 이 교회의 시간 속에서 인간은 자연과 더불어 살아 갔다. 자연의 시간은 누구에게나 24시간 주어진 동일한 선물 이었다.

그런데 중세가 끝나갈 무렵 유럽 사회에 큰 변화가 일어 났다. 상업과 도시 발달 등을 통해 원시적 형태의 자본주의가 시작되면서 자연을 기반으로 정하던 시간 관념에 변화가 생긴 것이다. 한밤중에 농사는 짓지 못하지만, 옷을 만들거나 구두 를 수선하는 수공업은 할 수 있었다. 일하는 시간이 늘어나고, 노동자들의 노동 시간을 관리하기 위해 작업장에 시계가 배치 되었다.

자연의 시간을 기반으로 하던 교회의 시간은, 상인들이 인위적으로 만든 시간에 자리를 내어 주었다. 중세 유럽에서 교회가 상인들에게 경계했던 것 중 하나는 시간을 담보 삼아 부를 축적하는 행위였다. 무엇이 '시간을 담보 삼아 부를 축적 하는 행위'였을까? 돈을 빌려 주고 시간이 지남에 따라 고리 로 이자를 받는 것이 그 대표적인 방식이었다. 그래서 교회는 그리스도인이 고리대금업에 종사하는 것을 금했다. 시간은 '돈'이 아니라 '하나님이 모두에게 주신 공평한 선물'이기 때 문이다.

상인 계층이 돈을 벌 목적으로 시간을 도구로 활용하면 서 시간은 자연의 경계, 종교의 경계를 넘어섰다. 중세 말을 향하면서 시간을 돈으로 보는 관념이 등장했다. 시간을 잘 관리하는 사람이 새로운 시대의 인간형으로 각광받았다. 시간 감각을 가지고 시간을 적절하게 활용하는 것이 최고의 미덕이 되었다. 시계는 상인들의 필수품이었다.

이런 변화 앞에서, 마리아처럼 하나님 앞에 소중한 시간을 떼어 놓고 묵상하고 성찰하는 삶은 자연스럽게 사람들의 관심 밖으로 밀려났다. 시간은 이제, 하나님의 선물이 아니라 우리의 몸이나 재산처럼 관리하고 가꿀 재화가 되었다. 마르다처럼 이리저리 부지런히 몸을 움직이고 시간을 최대한 아껴서 일하는 것이 중요한 가치로 인정받았다.

이러한 종교적 가치와 지향하는 영성의 변화를 잘 포착해서 제시한 것이 막스 베버가 쓴 《프로테스탄트 윤리와 자본주의 정신》이다. 종교개혁 이후 구원이나 경건, 영성에 대한 재해석이 이루어졌다. 언뜻 보기에 자본에 대한 긍정과 영성은 상호모순 같다. 그런데 16-17세기 영국이나 네덜란드, 벨기에 등 칼뱅주의의 영향을 받은 지역의 중산 계급은 상당수가 개신교인이었다. 베버는 이 점에 주목했다. 베버의 연구 결과에 따르면, 이 땅에서 무엇을 하든지 '하나님의 영광'을 위해서 하는 칼뱅주의적 직업관과 금욕적 생활양식이 유럽 내에서 번영을 가져왔다. 교양을 갖추고 검소하게 생활하며 하나님을 두려워하는 것이 16-17세기 네덜란드 중산층의 이미지였다.

칼뱅주의자들은 모든 이가 구원을 얻는 것이 아니라 선택된 자들만이 구원을 얻을 수 있도록 예정되었다고 가르쳤다. 하나님으로부터 선택받았는지 아닌지는 이 땅에서의 삶의 자세를 통해서 증명할 수 있었다. 베버는 '하나님의 부르심 안에서 쉬지 않고 일하는 것'이 선택된 자들이라는 확신을 얻는 최고의 방편이라고 평가했다. 그리스도인들은 이런 가르침에 따라 절제하는 삶의 태도로 열심히 일하여 자연스럽게 풍요로운 삶을 살게 되었다.

이런 가르침과 삶의 자세는, 마리아의 영성처럼 골방에 들어가 침묵하는 것만 하나님과의 교통이 아니며 마르다처럼 일상에서도 하나님을 체험하고 만날 수 있다는 주장을 증명했다. 마르다의 영성은 거룩한 것과 속된 것이라는 이원론의 경계를 무너뜨렸다.

그런데 그리스도인들이 신앙적 열심으로 절제하고 시간을 효율적으로 사용하면서 또 다른 딜레마에 부딪혔다. 사람들이 인식하지 못하는 사이에 세속적 욕망이 신앙적 열심으로 분출된 것이다. 이 세상에서 성공을 통해 하나님의 함께하심을 드러내고 재확인해야 한다는 강박에 시달리기 시작했다. 그래서 문화사가 엘뤼네드 서머스브렘너는 《불면증의 문화사 *Insomnia: A Cultural History*》에서 자본주의가 활발하게 꽃피우던 17세기 유럽의 개신교 국가에 근대의 불면증이라는 질병이 들어왔다고 통찰하기도 했다. 불면증이 무엇인가? 시간을 최악으로 비효율적으로 소비하는 것 아닌가.

근대에 돌아온 마르다의 위세는 쉽게 사그라지지 않았

다. 특히 국가를 포함해 누구도 우리를 책임져 주지 못하는 신자유주의 시대 속에서 개인은 더욱 쫓기는 삶을 살게 되었다. 자신이 통제할 수 없는 사회나 경제 구조에 관심을 기울이는 일은 어리석은 시간 낭비로 여겨졌다. 왜냐하면 모든 문제는 사회 구조적 문제라기보다 개인의 역량 문제로 간주되었기 때문이다. 한스 부어스마가 예리하게 지적한 대로, 성찰적 삶을 외면한 결과로 무한 경쟁과 약육강식이 지배하는 근대라는 부산물이 생성되었다.

우리는 지금도 여전히 상인의 시간이 지배하는 시대에 살고 있다. 노동자는 노동한 시간만큼 계산하여 그 대가를 받는다. 그러나 그들이 파업하면 손실을 그 시간만큼 계산하는 것이 아니라 자본가의 수익 손실을 기준으로 하므로 천문학적인 금액으로 변해 버린다. 이 모순의 시간을 살면서 인간은 끊임없이 자신의 시간당 노동생산력을 높이길 요구받는다. 그러나 우리는 안다. 그렇게 해서 급여를 높여 가며 취득하는 소득 증가분이, 땅과 건물과 같은 자본이 시간이 지남에 따라 벌어들이는 자본 소득의 증가와 결코 비교할 수 없다는 것을 말이다.

그럼에도 우리는 주어진 시간의 효율적인 활용이라는 미명하에 자본가가 정해 놓은 시간에 묶여 있다. 청교도적인 삶의 강박에서 기인한 근대 자본가들의 불면증이 현대에 와서는 대다수 사람이 겪는 일반적 사회 질환이 되고 말았다.

교회는 어떨까? 교회는 하나님의 선물인 시간의 통제권

을 교회 경계 너머에서는 행사하지 못하고 상인의 시간에 그 주도권을 빼앗겼다. 교회가 지켜 오던 전통적 시간관이 무너지고 중세 말 새롭게 등장한 시간 관념은, 상인의 활동, 특히 시간으로 부를 쌓는 활동을 용인하였다. 이후에 근대를 거쳐 현대에 이르기까지 교회는 여전히 시간의 통제권을 회수하지 못하였다. 특히 신자유주의 논리 구조는 한국 개신교의 대형 교회 체제를 긍정하고 교회와 목회자의 급속한 양극화를 초래하기까지 했다. 어쩌면 우리 역시 무한 경쟁의 사회 속에서 살아남고 그 이상을 축적하려는 욕망을 신앙의 이름으로 합리화해 왔는지도 모른다.

이것이 바로 우리가 다시 멈추어 서서 돌아보는 영성, 곧 마리아의 영성이 필요한 이유이다. 이제는 자본이 정한 시간이 아니라 교회의 시간, 자연의 시간을 생각해야 한다. 다시 찾을 교회의 시간은 무엇일까?

마리아가
돌아왔다

이런 우리 앞에 마리아의 시간이 느닷없이 들이닥쳤다. 전염병으로 예기치 않게 우리에게 주어진 그 시간은 고용인의 시간도 아니고 피고용인의 시간도 아니다. 모두를 당혹스럽게

영성 — 교회의 시간을 찾아서

하는 시간이다. 이 날벼락 같은 사건이 우리가 일상적으로 해 오던 것을 강제로 멈추게 했다. 동시에 우리의 시간도 갇히고 멈추었다. 우리 모두는 앞으로 어찌 될지 모르는 불안 속에 살고 있다. 당장 먹고사는 문제, 코앞에 직면한 현실적인 문제가 우리를 압박하고 옥죄어 온다. 이런 현실 때문에 우리는 멈춰 서고 돌아보는 성찰 따위는 배부른 소리라고 여길지도 모르겠다. 또 우리가 사는 자본주의나 신자유주의 체제를 뜬금없이 끌어들여 성찰을 얘기하는 것에 불편을 느낄 수도 있다.

우리는 전염병 때문에 인간 사회가 겪는 고통과 별개로 또 다른 현상을 목도한다. 지금껏 우리가 당연하게 여겨 왔던 모든 것을 재고하게 만든 것이다. 록다운으로 학교가 멈추고, 사회가 멈추고, 올림픽도 연기되었다. 그런데 쉴 새 없이 가동되던 공장이 멈추니 늘 희뿌옇던 하늘이 원래의 푸른 하늘로 되돌아왔다. 동물원에서나 마주치던 숲속 동물들이 깊이 숨어 있다가 그 모습을 드러내고 인간이 차지했던 거리를 활보하는 것을 보며, 그간 인간이 얼마나 이 지구를 독점해 왔는지 비로소 깨닫게 되었다.

또한 지금껏 유럽과 북미의 자본주의는 신성불가침의 대상이었다. 우리는 단 한 번도 세계의 자본 교류가 중단되고 상품을 만드는 공장이 멈춘다는 것을 상상하지 못했다. 솔직히 나는 지금도 가끔 꿈을 꾸는 것 같다. 하지만 지금이야말로 우리가 상상해 보지 않았던 현실을 마주하고 냉정히 들여다보아야 할 때이다.

전문가들은 팬데믹을 마주한 원인이, 그간 성찰하지 않고 멈춤도 없이 내달렸던 인간의 탐욕이라고 지적한다. 그렇기에 이 문제는 질병을 풀어내는 의학과 과학만의 문제가 아니요, 그 질병이 퍼져 나가는 사회 역학만으로 다 설명할 수 없다. 우리 삶의 태도와 방향을 결정하는 세계관적 고민과 신앙적 성찰의 문제도 포함되어야 한다.

우리가 고통스러운 현실을 마주하게 될지라도, 그 현실을 넘어서는 합의된 '인류의 집단 성찰'만이 해답을 만들어 갈수 있다. 그렇기 때문에 교회는, 또 우리 그리스도인들은 현실과 현상을 초월하여 생각하고 읽어 내기 위해 애써야 한다. 그것이 사회 속에서 교회와 그리스도인이 할 수 있는 특별한 기여이자 소명일 것이다.

뉴노멀 시대의
성찰

우리는 쉽게 '부활의 새 하늘과 새 땅'이라는 표현을 쓴다. 그런데 '뉴노멀'이라는 말이 사용되는 요즘처럼 새롭다는 말이 두려운 적이 없다. 전문가들은 뉴노멀의 시대에는 우리가 얼마 전까지 누리던 그 삶으로 영원히 돌아가지 못할지도 모른다고 말한다. 적극적으로 해석하자면, 뉴노멀의 시대에 우리는 결코 이전과 같은 생활방식을 고집해서는 안 된다는 의미이기도 하다. 그간 당연시했던 편리와 편의, 과도한 소비와 탐욕을 내려놓아야 한다는 말이다. 그런데 뉴노멀의 시대에 들어선다고 해서 새로운 생활방식이 몸에 밴 듯 자연스러워질 수 있을까? 그렇지 않을 것이다. 이를 위해서는 꾸준하게 멈추어 서서 골방으로 들어가 세미한 음성을 듣는 영성의 훈련이 필요하다. 마리아처럼 더 깊게 성찰하는 삶의 자세를 익혀야 한다.

이것을, 예수님의 부활을 믿는 우리가 부활을 살아 내는 삶이라고 정의하고 싶다. 언젠가 이 어려움이 지나가면 우리는 전에 없는 새 하늘과 새 땅에서 살게 될 것이다. 부활을 믿는 자는 새 하늘과 새 땅에서 어떤 모습으로 살아갈까? 요한복음 마지막 장인 21장을 보면, 부활하신 예수님이 제자들에게 하신 마지막 말씀이 나온다. 18절에서 예수님은 베드로에게 "네가 젊어서는 스스로 띠를 띠고 네가 가고 싶은 곳을 다녔으나, 네가 늙어서는 남들이 네 팔을 벌릴 것이고, 너를 묶어서 네가 바라지 않는 곳으로 너를 끌고 갈 것이다"라고 하셨다. 예수님의 부활을 목격하고 이 땅에서 부활의 삶을 살아 내야 하는 제자들의 삶의 모습이 어떠할지를 예수님이 직접 말씀하신 것이다.

우리는 부활의 새 몸을 어디에도 구속받지 않는 신비체

라고 생각하기도 한다. 그런데 진정 초월의 삶이란 무한정 자유를 누리는 삶이 아니다. 진정한 자유란 스스로를 띠 띠워 구속하고, 원하지 않더라도 가야 할 곳으로 기꺼이 가는 삶이다. 이는 역설이다. 요한복음 8장에서는 우리를 진정 자유롭게 하는 것은 진리뿐이라고 했다. 예수님 안에 있다면 우리의 외형이 어떠하든 자유할 수 있다. 예수님의 삶의 방식을 배울 때 우리는 갇힌 가운데서도 해방을 노래할 수 있다.

하나님이 지으신 완벽한 창조 세계에서 아담은 자유의 경계를 넘어섰고, 그 결과 인류에 비극이 찾아왔다. 더불어 모든 피조 세계도 탄식하고 함께 고통을 겪게롬 8:22 되었다. 예수님의 성육신은 스스로를 낮추어 탄식하는 시공간의 경계 속으로 들어오신 사건이다. 이처럼 예수님은 스스로를 낮춰 피조 세계와 함께하고 자신을 띠 띠우는 삶을 사셨다. 이것이 부활을 누리는 제자의 삶이다. 지나치지 않는 삶, 성찰하는 삶, 더불어 사는 삶 말이다.

요한복음은 예수님이 육신을 입고 시공간의 제한으로 들어오는 것으로 시작하여 부활의 목격자들에게 띠 띠우는 삶을 예시하는 것으로 끝난다. 예수님이 그러셨던 것처럼 탄식하고 고통하는 피조 세계를 위해 자신을 비우는 삶, 그 삶이 부활을 목격한 제자들이 살아 내야 할 삶의 가치이다.

그렇다. 교회의 역할은, 사람들로 하여금 시대의 흐름에 부합하는 최상의 효율을 따라가기보다는 한 번쯤 멈춰 서서 성찰하도록 도와주는 것이다. 세상의 시간과 다른 하나님의 시간을 얘기하는 것이다. 그 누구도 하나님의 선물인 타인과 피조물들의 시간과 공간을 빼앗아 자신의 배를 채우지 못하도록 하는 것이다.

그리스도인은 창조 세계의 청지기로서의 겸손함과 그 세계를 거쳐 가는 나그네로서의 소박함, 하나님의 피조 세계와 더불어 사는 삶을 추구하는 사람들이다. 이제 우리 모두가 함께 살아가는 새 하늘과 새 땅에서 새 창조의 질서를 만드는 삶을 소망하며, 그러기 위해 애쓰면 좋겠다. 벼락같이 다가온 이 마리아의 시간을 분주함과 두려움으로 채우기보다는, 좀 더 무릎 꿇고 좀 더 돌아보는 시간으로 삼자.

코로나19가 한창이던 중에 기독교 출판 관계자들에게 들은 말 가운데 잊히지 않는 것이 하나 있다. 온 세상이 잠시 멈춘 시기의 책 판매에 관한 이야기이다. 팬데믹 기간에 대부분의 분야에서 책 판매량이 늘었는데, 여행과 기독교 분야의 도서만 오히려 크게 줄었다고 했다. 책을 읽는 것이 그리스도인의 지표는 아닐 테지만, 이 현상이 나름 시사하는 바가 있다고 생각했다. 전통적으로 그리스도인들에게 책을 읽는다는 것은 스스로 선택해서라기보다 교회 공동체 내의 읽기나 묵상과 연관되어 있었다. 그런데 교회가 예배이건 소모임이건 한 공간에 함께 모일 수 없는 상황이 되다 보니, 굳이 기독교 서적을 찾아 읽으려 하지 않았던 것이다.

이것이 섣부른 판단일 수 있지만, 만약 이 가정이 어느 정도 맞는다면, 그리스도인으로서의 영성과 지성은 오로지 교회 안에 모임으로 있을 때만 유지될 수 있다. 바꾸어 말하자면, 교회는 그동안 그리스도인이 홀로 고민하고 사색하는 훈련과 연습을 제공해 주지 못했다는 것이다. 묵상도 성경 공부도 기도 모임도 항상 소그룹 안에서만 유의미했다. 이런 신앙 훈련들조차 마르다의 일처럼 여겨졌다. 일을 해냈을 때의 뿌듯함이야 있겠지만, 이들이 홀로 들어가 하나님 앞에서 단독자로 씨름할 골방으로서의 공간은 어디에서도 쉽게 찾을 수 없다.

이즈음에 들려온 또 다른 낯선 소식도 있다. 불교에서 운영하는 템플스테이를 찾는 개신교인들이 무척 많다는 것이다. 이를 인지한 주최 측에서는 불교적 색깔을 걷어 내고 종교에 상관없이 템플스테이의 유익을 충분히 얻어 갈 수 있도록 배려한다는 얘기까지 들린다.

이 두 현상은 무관한 듯 보이나 서로 닮아 있다. 코로나 팬데믹 이후 교회가 고민해야 할 것은 교회라는 유형의 공간에 모이는 그리스도인과 그 모임의 수를 회복하는 것만이 아니다. 이 시대가 필요로 하는 마리아의 영성에 대해 응답하려는 노력이 필요하다. 그리스도인 개인도 마찬가지이다. 마리아 영성의 근원은 스스로 하나님과 대면하기 위해 골방으로 들어가는 데서 출발한다.

지성

아웃사이더, 아마추어, 현 상태의 교란자

그리스도인이 공부를 하는 목적은 무엇일까? 일차적으로는 그리스도의 제자로 살아가는 데 필요한 올바른 세계관을 형성하는 것이라 할 수 있다. 이것을 좀 더 보편적인 언어로 표현한다면 무어라 하면 좋을까? '지식인'이라는 단어로 생각해 볼 수 있겠다. 그런데 요사이는 지식인이라는 단어를 즐겨 쓰지 않는다. 대신에 '전문가'라는 단어가 익숙한 시대가 되었다. 하지만 한 분야의 전문가가 되어야 한다는 표현은 때로 강박처럼 우리에게 다가온다.

여기서는 그 계보까지는 아니더라도, 근현대 세계에서 지식인이라는 명명이 어떻게 자리매김하고 변천해 왔는지를 개괄적으로 더듬어 보자.

지식인 대
전문가

'지식인'이라고 할 때, 우선 그들이 하는 일로 정의할 수 있다. 미국의 언어학자인 노엄 촘스키는 《지식인의 책무》에서 지식인의 도덕적 과제를 "'중요한' 문제에 대해서 '적합한 대중'에게 '가능한 범위 내에서' 진실을 찾아내 알리는 것"이라고 정의한 바 있다.

우리 삶에는 중요한 문제들이 많다. 일상을 살아 내는 것에서부터 사회·정치 구조를 이해하고 지구 공동체와 올바른 관계를 맺는 것 등은 매우 중요한 문제이다. 개인의 차원에서 보자면 '어떻게 살 것인가?'라는 가장 근원적인 질문 역시 중요한 문제에 속한다. 지식인은 삶에 관한 이 모든 포괄적인 고민과 숙제에 대해 대중들에게 가능한 한 최선의 지식을 활용하여 진실을 찾고 알리는 사람이다.

이것을 우리가 속한 교회라는 맥락으로 가지고 와도 크

게 어긋나지 않는다. 기독교라는 종교에서 지식인은 삶과 죽음, 구원 등 인간이 가진 원초적인 물음을 가진 대중들에게 신학, 철학, 심리, 역사, 과학 등 다양한 분야의 지식과 경험을 통해 진실에 근접하게 다가가, 그를 전파하고 선포하는 역할을 하는 사람이다.

현대의 많은 사상가들은 이런 지식인을 다양한 방식으로 범주화했다. 그러나 대체로 근대 세계까지 자리 잡았던 전통적 지식인과 근대 세계 이후 오늘날 새로운 형태로 등장한 지식인으로 크게 나눈다. 그중 몇 사람의 구분을 살펴보자.

무솔리니 파시즘 체제에 저항하다 옥중에서 사망한 마르크스주의 사상가 안토니오 그람시는 지식인을 '전통적인 지식인'과 '유기적인 지식인'으로 구분했다. 전통적인 지식인은 작가, 철학자, 성직자 등 사회의 지적 체계를 읽고 사회에 성찰을 제시하는 역할을 했다. 그들은 숙명적으로 자신이 살아가던 시대와 불화했다. 이 말은, 주류 담론이 형성하고 유포하는 권력에 추종하지 않고 비판적이었다는 의미이기도 하다.

그람시는 현대 세계에 등장한 또 다른 형태의 지식인에 주목하였고, 그들을 '유기적 지식인'이라고 했다. 유기적 지식인은 저항하고 비판하는 전통적인 지식인의 모습에서 벗어나, 다층적으로 변화하고 발전하는 세계 속에 필요한 지식을 효과적으로 생산하고 유통하는 사람을 의미한다. 현재 우리 사회는 과거의 전체주의 체제나 한국의 군사 정권처럼 선악의 구도가 명확하지 않고 복잡다단하게 분화되어 있다. 이에 전통적인 의미의 저항하는 지식인의 수요는 적어 보이며, 이를 대신하여 예리한 시각으로 시대의 단면과 층위를 벗기고 읽어내는 이들이 요구된다. 이런 유기적 지식인은 '전문가'라는 익숙한 명칭으로 부를 수 있다.

프랑스 철학자 미셸 푸코도 전문적인 과학기술 지식을 갖춘 이들이 전통적인 지식인의 자리를 대체했다고 했다. 그람시가 유기적 지식인이라 칭한 이들을 푸코는 '특수 지식인'이라고 표현했다. 지식이 고도로 세분되면서 다양한 영역을 넘나드는 학제적 연구의 필요성도 제기되었지만, 동시에 내가 모르는 다른 영역에 대해 섣부르게 말하는 것이 몹시 조심스러운 상황이 되었다.

오늘 우리가 살고 있는 사회는 전문가 사회이다. 기후 변화, 방사능 오염수, 교육, 부동산 등 모든 문제에 대해 전문가들이 서로 충돌하는 해법을 제시한다. 다만 전문가는 그 자체로 힘을 내는 데 한계가 있다는 점에서 전통적인 지식인과 차이가 있다. 전문가는 자신의 이해 분야에서 국가나 기업, 교회와 같은 유형의 제도가 안고 있는 현실적인 문제와 연결될 때 비로소 목소리를 낼 수 있다.

매우 흥미롭게도, 푸코는 특수 지식인인 '전문가'가 전통적인 지식인의 자리를 대체한 출발점을 오펜하이머라는 과학자에게서 찾았다. 오펜하이머는 자신이 가지고 있는 전문적인 과학 지식으로 세계의 운명을 좌우할 정치적인 판단을 하는 자리에 올랐다. 우리 모두가 알다시피, 그 후 이 세계는 전문가들이 점령했다. 더 서글픈 현실은, 특수 지식인은 현실 세계의 권력 매트릭스에서 자유롭지 못하다는 것이다. 그들의 지식은 국가의 목적이나 대기업의 이해를 지지하는 쪽으로 발휘된다. 환경 보존과 인권 존중 같은 인류 보편의 가치마저 국익이나 경제적 이유를 내세우며 오도하는 지식인들에 의해 훼손되는 일이 빈번하다.

그렇다면 보편적 지식인과 유기적 지식인 혹은 특수 지식인의 가장 큰 차이는 어디에서 찾을 수 있을까? 지식인의 본질은 자유로움에 있다. 보편적 지식인은 사고의 자유만이 아니라 권력으로부터도 거리를 둔다. 그렇기에 그 목소리에 거침이 없다. 하지만 유기적 지식인은 그렇지 못하다. 익숙한 방식으로 표현하자면, 오늘날 전문가라고 불리는 유기적 지식인은 전통적 지식인이 가졌던 예언자적 지성을 상실했다.

아마추어리즘

기독교의 맥락에서도 유사하다. 오늘날의 그리스도인들은 전문가가 되도록 요구받는다. 우리는 전에 없이 명확하고 정확하게 원어의 의미에 다가설 수 있고, 바른 해석을 위해 주

71

석 책과 신학 서적을 탐독할 수 있게 되었다. 그러나 그것이 기독교를 얼마나 더 풍성하고 건강하게 만들었는지는 또 다른 문제이다. 기독교의 메시지가 안전하고 설득력 있게 들리기를 원하다 보니 지식인이 갖춰야 할 예언자적 지성을 놓치고 만다. 더불어 설교의 전문가, 목회의 전문가, 교회 봉사의 전문가, 교회학교의 전문가가 될 필요성은, 우리로 하여금 기독교가 이 시대의 맥락에서 무엇이어야 하는지에 대한 질문을 외면하게 만든다. 여전히 우리에게는 교회의 전문가가 필요하다. 그러나 유기적 지식인, 특수 지식인이 교회를 온전히 교회답게 만들지는 않는다. 안전하게 전달되기 위해 중립성을 띠는 메시지 속에서 교회는 이 시대가 품고 있는 아픔에 공명하지 못한다. 많은 경우, 중립이라는 단어는 권력과 주류 담론에 순응한다는 항복 선언과 다르지 않다.

이제 한국 교회의 강단에서는 예언자의 메시지가 더 이상 선포되지 않는다. 너무 오랫동안 은혜라는 이름 아래 길들여져 왔다. 그러는 동안 한국 사회에서 교회는 지식인의 역할을 상실했으며, 자신의 전문가적 영향력을 확대하기 위해 몸집을 불렸다. 수많은 목회 전문가들은 교회를 운영하고 성장시키는 방식을 찾아 골몰했다. 목회 전문가의 소용은 여전히 존재하지만, 교회라는 맥락 바깥에 있는 사회는 이제 교회의 소리를 귀담아듣지 않는다.

교회 안의 사람들을 다독이고 격려하고 세워 주는 데 필요한 메시지는 꾸준히 발화되고 있다. 그럼에도 사회는 왜 그 목소리에 귀를 기울이지 않을까? 아마도 크게 들리고 널리 들리는 교회의 소리를 그들만의 소리라고 여기기 때문이겠다. 예를 들자면, 교회 안의 사람들은 여전히 과학이 신앙에 위협이 된다고 느낀다. 진화론이 교회를 무너뜨리고 다음 세대를 교회에서 떠나게 할 것이라는 두려움이 교회 안에 자리 잡고 있다. 성정체성과 관련한 논의는 더 말할 것도 없다. 이런 것들 앞에서 교회는 모든 합리와 이성이 마비된 채 즉각 전투 모드로 전환된다. '진실을 찾기 위한' 노력과 방식은 이미 단단하게 고정되어 있다고 믿는 진리 앞에서 무익하고 무의미할 뿐이다. 반지성주의 유령이 전체주의에 경도된 교회를 배회하고 있다. 그 안에서 상식을 갖춘 사람들은 서서히 질식하여 교회의 문턱을 넘고 있다. 이런 상황에서 여전히 교회와 그 안의 사람들을 안전하게 보호하겠다는 그 한 가지를 지고의 가치로 이끌어 가는 데 골몰한다면, 그 속에서 어떤 지식인의 메시지가 나올 수 있겠는가? 슬프게도 오늘 한국 개신교의 경우, 제사장은 많으나 예언자는 희귀하다.

하지만 전통적으로 기독교와 같은 종교의 사회적 쓸모는 예언자의 소리를 내는 공간이라는 데 있다. 종교의 목소리는 국가나 자본과의 이해관계 없이 독립한 상태에서 사회 문제를 비판적으로 읽고 성찰하며 길을 제시하는 신성한 목소리여야 한다. 그러므로 목회자나 교회 지도자들이 교회와 목회의 전문가라는 자리에만 머물러서는 곤란하다. 그 자리는 불가피하게 교회가 처해 있는 여러 이해관계의 한계를 넘지 못하기 때문이다.

여기에서, 팔레스타인 태생으로 평생 망명자의 정체성을 안고 살아야 했던 영문학자이자 사상가인 에드워드 사이드의 통찰에 주목하고자 한다. 그는 전문가를 지향하는 사회의 한계를 넘기 위해 아마추어리즘을 얘기한다. 아마추어는 무엇을 의미할까? 일반적으로, 자신이 하는 일에 대해 대가를 받느냐, 그러지 않느냐로 프로페셔널과 아마추어를 구별한다. 그러나 이외에도 차이점을 찾을 수 있는데, 전문가는 자신이 속한 이해관계 안에서 활동해야 하지만 아마추어는 배움 자체를 즐긴다. 이 둘의 차이에 대해 사이드는 다음과 같이 설명한다.

아마추어리즘이란 이익이나 이해 또는 편협한 전문적 관점에 속박되지 않고, 걱정이나 애착이 동기가 되어 활동하는 것이다. 현대의 지식인은 아마추어여야 한다. 아마추어라는 건 사회 속에서 사고하고 걱정하는 인간을 가리킨다.

처음에 얘기했던 고민으로 다시 돌아가 보자. 그리스도인이 공부를 해야 하는 이유는 무엇인가? 숱하게 내리누르는 고민거리이다. 그러나 사이드의 통찰에서 한 가닥 희망을 붙잡을 수 있지 않을까? "아마추어라는 건 사회 속에서 사고하고 걱정하는 인간"이라는 바로 그 문구에서 말이다. 그것이 이 시대가 요구하는 진정한 지식인의 모습일지 모른다.

이 세상을 살아가는 이들 중에 자신이 시대와 불화하고 시대에 예언자적 목소리를 낼 지식인으로 부름받았다는 자의식을 갖고 있는 사람이 얼마나 있을까? 그런 일은 내가 아닌 다른 사람의 몫이라고 여겨 왔다면, 이제라도 그 시각을 재고해야 한다. 우리가 오늘날 교회 공동체를 이뤄 간다는 것은, 우리의 전문가적 소양의 함양을 넘어서서 보편적으로 이 시대 속에서 사고하고 우리가 속한 사회와 교회를 위해 걱정하고 기도하는 지식인형 인간이 되고자 하는 선택이다.

그리스도인이 공부해야 하는 중요한 목적 중 하나는 이 시대에 올바른 길을 제시할 사명이 있기 때문이라고 말하고 싶다. 그것은 전문 목회자나 신학자만의 영역이 아니다. 우리는 주어진 현상에 순응하고 그 안에서 살아 내는 것이 아니라, 이 시대와 사회가 마주한 문제를 기독교의 관점에서 읽고 대안을 생성해 내는 역할을 부여받았다.

에드워드 사이드는 "지식인의 공적 역할을 아웃사이더, '아마추어', 현 상태의 교란자public role of the intellectual as outsider, 'amateur,' and disturber of the *status quo*"라고 부연했다. 그는 자기 삶의 궤적을 따라 형성된 자의식을 '스스로 추방을 택한 망명자'라고 했다. 영국령 팔레스타인의 기독교 가정에 태어나 중동전쟁으로 하루아침에 난민이 되어 미국으로 건너가고 그곳에서 영문학자가 되어 가르친 이력은, 그의 평생에 주류가 아닌 아웃사이더 의식을 강화했다. 그는 그런 아웃사이더의 시각으로 기존의 질서를 교란하는 역할을 했다.

　망명자, 추방자로 사는 것은 어떤 의미가 있을까? 주류에서 벗어났다는 것, 곧 전통적이고 전형적인 의미의 성공에서 벗어나 있다는 것이다. 그렇다면 주류에서 멀어지는 이 벗어남, 추방은 형벌일까? 누구에게는 그럴 것이다. 하지만 내가 주체적으로 선택한 것이라면 그 추방과 망명은 자유를 향한 여정이 된다. 더불어 자유를 잃고 고뇌하는 이들을 자유롭게 만드는 일에 참여하는 해방의 길이기도 하다.

　중세 유럽에서는 지식을 찾아 고향을 떠난 이들을 '방랑학자wandering scholar'라고 했다. 앎에 대한 순수한 호기심과 열정으로 불확실성과 모호성의 길을 선택한 이들이 중세의 열매라고 하는 대학을 만드는 데 기여했다. 지성사에서는 대학의 역할을 '아래로부터 쌓아 올린 힘'이라고 한다.

　이제 우리는 아마추어 지식인으로 살기를 연습하는 자리에 서야 한다. 이 아마추어 지식인은 권력과 중심을 지향하지 않는다. 교회의 맥락에서 보자면, 지식인은 교회라는 조직을 세우고 성장시키는 사람이 아니다. 사람들의 귀에 듣기 좋은 말보다 예언자의 목소리를 전하는 사람이다.

지친 사람을
말로 격려하기

성경에는 현대의 여러 사상가들이 제기한 예언자적 지식인의 모습이 이미 그려져 있다. 그중 이사야 50장 4절은 지식인의 모습이 어떠해야 하는지 보여 준다.

주 하나님께서 나를 학자처럼 말할 수 있게 하셔서, 지친 사람을 말로 격려할 수 있게 하신다. 아침마다 나를 깨우쳐 주신다. 내 귀를 깨우치시어 학자처럼 알아듣게 하신다.

예언자는 하나님께서 학자의 입과 학자의 귀를 주신 일을 노래한다. 학자의 입을 열어 주신 이유 중 '지친 사람을 격려한다'는 표현이 NIV 성경에는 '연약한 사람을 지탱하게 sustains the weary' 만드는 것이라고 되어 있다. 어느 순간 지치고 피곤하여 삶의 희망을 놓을 수 있는 그런 사람들 말이다. 사람이 연약해지고 희망의 끈을 놓는 것은 누구도 그의 목소리를 귀담아듣지 않기 때문이다. 마음을 다해 있는 그대로를 들어주고 그 편에 서 주는 누군가가 있다면, 사람들은 그 존재를 이어 갈 수 있다.

자기를 넘어 타자를 향하는 지식인의 삶이 쉽지는 않기에 이를 지속할 내적인 힘이 있어야 한다. 그것은 하나님 말씀의 뜻이 무엇인지 매일 아침 마음에 아로새기는 수고에서 형성된다.

참 예언자와 거짓 예언자, 진정한 지식인과 유사 지식인의 차이는 그들이 누구를 향하고 있는가에 있다. 진정한 지식인의 입은 궁핍하고 힘없는 약자를 대변한다. 그들의 귀는 세상 권력의 소리와 요구를 향해 있지 않다. 참 지식인은 왕이나 권력자를 격려하는 사람이 아니라, 목소리가 들리지 않는 자들의 목소리를 대신 내주는 사람이다. 이사야 시대에도 예언자라 하는 이들이 많았다. 그들은 권력자를 위해 기도했고, 아첨했고, 권력자의 환심을 사기 위해 귀에 듣기 좋은 말만 반복했다. 예레미야 시대에도 선지자 대부분은 희망을 노래했다. 그러나 예레미야는 그 속에서 유다가 나라를 잃고 포로로 잡혀갈 심판의 날을 홀로 예언했다. 그리고 마침내 역사는 누가 진정한 예언자인지 드러냈다.

지식인의 힘은 듣고 말하는 데서 나온다. 듣는다는 건, 하나님의 말씀을 듣는 것 외에 하나님의 신성이 들어 있는 자연 만물, 사람을 통해 배우는 것도 포함한다. 그중에서도 책을 통해 듣는 것은 중요한 듣기의 과정이다. 그러나 오늘날 책은 고루한 미디어라는 평가를 받는다. 현대의 많은 이들은 대부분의 '정보'를 웹상에서 얻는다. 인터넷의 바다에는 유기적 지식인 혹은 특수 지식인이 독점해 왔던 정보들이 무궁무진하며 여기저기 흩어져 있다.

하지만 정보와 지식이 많다는 것과 지혜와 통찰이 있다는 것은 결코 같은 말이 아니다. 책을 읽는 행위는 하얀 종이 위의 검정 글자를 눈으로 좇으며 읽는 것 그 이상의 의미가 있다. 대하소설《혼불》을 쓴 고 최명희 선생은 원고를 쓰는 일을 '손가락으로 바위를 뚫어 글씨를 새기는 것과 같은 것'이라고 했다. 읽는 행위는 저자의 그와 같은 고민의 두께를 같이 경험하며, 마음에 그 글자를 스스로 아로새기는 행위이다.

또한 책을 읽는다는 것은 그 누구도 침범할 수 없는 '홀로 자신과만 대면한 세계'에서 오롯하게 '자신의 속도'대로 주체적으로 사유하는 것이기도 하다. 내 속도대로 책을 읽는 행위는, 자신만의 방식을 만들어 감으로써 스스로 주체적으로 선다는 의미이다.

우리는 신앙과 신학과 사회와 세계에 관한 다양한 고민을, 주로 책이라는 매개를 활용하여 확장해 나간다. 그 확장의 본질은 한 분야의 빼어난 전문가가 되는 데 있지 않고, 목소리를 낼 수 없고 낸다 해도 들리지 않는 지친 이들을 대변하기 위함이다.

안타깝지만, 현실에서 그리스도인들이나 목회자들은 개인이나 교회에 손해가 될 것 같은 사안에 한해서 목소리를 내는 때가 많다. 진화론, 동성애, 무슬림 이주노동자…. 그렇게 수없이 많은 자기방어적인 목소리 속에서 전쟁, 기근, 재해, 사회적 차별과 불평등 등으로 아파하는 지구 공동체와 이웃의 목소리를 귀담아듣는 모습은 쉬이 떠오르지 않는다.

지식인은 기존의 것을 답습하여 지켜 내는 자가 아니다. 진리의 수호자를 자처하는 이도 아니다. 교리이건 과학이건 간에 새로운 발견과 발전에 대해 열린 마음으로 귀를 기울이고 자세히 들여다볼 수 있어야 한다. 그러지 않으면 조직을 지키고 유지하는 데 머무는 기능인 이상은 되지 못한다. 특히, 매우 다양한 신학적 입장과 전통 가운데 작은 한 부분을 차지하고 있으면서 그것을 불변의 진리와 동일시하고 그 기준으로 여타의 모든 것을 판단하는 몽매한 용기로는, 종교 기능인은 될지언정 지식인의 자리에는 다가갈 수 없다. 현실 속에서 목회자들에게 그 이상의 무언가를 기대한다는 건 부끄럽게도 요원해 보인다. 지식인 여부는 갇힌 태도냐 열린 태도냐와도 무관하지 않다. 기독교에 대한 위기의식이 오로지 지키고 방어하는 방식으로만 표현되는 건, 어떤 의미로든 썩 바람직하지 않다.

이런 태도는, 성경 말씀을 연구하고 전하는 데 목숨을 걸겠다는 이들 중에서 흔하게 목격된다. 그들이 말하는 말씀은 자신들의 도그마를 강화하고 다른 소리를 배격하는 데 칼처럼 쓰일 뿐, 그 안에서 성경이 얘기하는 약자들을 향한 진심은 찾아보기 어렵다. 성경을 진지하게 있는 그대로 믿는다는 이들이, 왜 성경 곳곳에서 발견되는 타자에 대한 배려는 보여 주지 못할까? 예수님 당시 바리새인들의 모습이 그와 같다는 걸 생각하면, 스스로 진리의 수호자라 참칭하는 오만과 독선 외에 달리 설명되지 않는다. 바리새인들은 진리를 지킨다는 명목으로 예수님을 십자가에 못 박는 데 일조했다. 오늘도 같은 명분으로 수많은 예수들이 십자가에 못 박히고 있고, 대부분의 교회는 그것이 당연하다는 데 찬성표를 던진다. 나 몰라라 한다.

우리에게 익숙한 교회라는 맥락 안에서도 묻힌 목소리, 외면당한 목소리, 오해받는 목소리가 많다. 교회의 역할은 그들 편에 서서 그들의 입이 되어 주는 데 있다. 그렇게 지식인이 만들어져 간다.

우리는 이런 지향이 정체되지 않고 계속 전진할 수 있도록 서로 격려해야 한다. 이런 예언자적 지성을 향한 갈망과 그를 위한 부단한 읽기와 사유를 훈련할 수 있어야 한다. 이 시대는 여전히 '중요한' 문제에 대해서 '적합한 대중'에게 '가능한 범위 내에서' 진실을 찾아내 알리는 지식인의 책무가 필요하다. 대중이 듣고 싶은 말을 전하는 이들의 목소리는 안전한 내부자들의 환호는 받을지 몰라도, 경계선 위에 서서 고민하는 이들에게는 들리지 않는다.

지금 우리네 교회에 요구되는 인간형은 경계에 선 이들을 위해 스스로 경계선을 넘어 추방자의 자리에 서는 지식인이다. 기존의 익숙한 것에 균열을 내기 위해 자기를 버리는 자 말이다. 그것이 예수의 자기희생이 보여 주는 가르침이다. 그의 삶은 스스로 추방을 택한 지식인의 전형이다.

수많은 강단에서 울려 퍼지는 무수한 언어들이 반향 없이 허공에서 사라지는 현실을 부정할 수 없다. 그러나 듣지 않는 세상을 탓하기 전에, 그 속에서 세상과 공명하는 메시지가 흘러나오고 있는지 점검할 때이기도 하다. 지금 한국 교회는 과거가 만들어 낸 성취의 과실을 따 먹고, 이파리와 줄기까지 먹어 치웠다. 새로운 생명을 틔울 뿌리까지 파먹는 염치 없는 짓까지 저지를 수는 없는 노릇이다. 어떤 사심과 이해 없이 교회와 사회를 '사랑하기' 때문에 스스로 경계선 위에 서는 아마추어 지식인의 탄생이 그 어느 때보다 간절하다. 그를 위해 지금의 그리스도인들은 땅에 바짝 엎드려 간절히 공부해야 한다.

복종

소유를 넘어 존재로

　　기독교에서 강조하는 오랜 전통인 청빈한 삶, 정결한 삶, 복종하는 삶 중에서 '복종'의 의미를 함께 생각해 보자.

　　기독교는 한편으로는 모순의 종교이다. 그 모순의 중심에 십자가가 있다. 로마 시대에 중죄인에게 내려지던 십자가형을 영광이라고 하고, 십자가에서의 고난과 죽음을 승리와 생명이라고 한다. 복종과 자유가 한자리에서 언급된다. 성경은 우리에게 주어진 예수 그리스도 안에서의 자유, 진리 안에서의 자유를 얘기하는 한편, 우리가 예수 그리스도를 따르는 종이라고 선포한다.

성경에는 순종 혹은 복종에 대한 메시지가 많다. 믿음의 조상 아브라함은 하나님의 부르심을 받았을 때 어디로 갈지 알지 못하면서도 순종하여 길을 떠났다. 심지어 하나님께서 그의 아들 이삭을 제물로 바치라고 했을 때도 복종하고자 했다. 시몬 베드로는 어부의 삶을 살다가 "나를 따르라" 하시는 예수님의 말씀을 듣고는 모든 것을 버리고 그분의 제자가 되었다.

예수님의 삶도 예외는 아니었다. 예수님의 십자가 사건은 하나님의 아들이신 예수님이 이 땅에 와서 우리 대신 고난 받고 죽으신 사건이다. 사도 바울은 예수님이 십자가의 길에 "죽기까지 복종"빌 2:8, 개역개정하셨다고 표현했다. 십자가 사건은 예수님의 복종의 끝이다.

이렇듯 복종이 기독교를 관통하는 매우 중요한 단어가 되었지만, 결코 간단하지 않은 일이다. 누군가에게 복종한다는 것은 자신에게 주어진 자유의지를 스스로 포기하는 것이기도 하다. 복종을 통해 얻어지는 것은 자유가 아니라 자아 상실일 가능성이 높기 때문이다.

복종,
하나님과 나와의 관계

우리가 생각해야 할 복종이란 무엇일까? 그저 권위에 대한 맹목적인 추종에서 비롯되는 것이라면, 그런 건 진정한 복종일 수 없다. 참된 복종은 복종의 대상과 우리의 인격적인 관계가 전제될 때 가능해진다. 이 과정은 긴 시간이 소요된다. 예수님과 제자들의 관계에서도 미루어 알 수 있다. 예수님이 처음 제자들을 부를 때 "나를 따르라"라고 말씀하셨다. 그리고 제자들은 모든 것을 버려두고 예수님을 따랐다. 그렇지만 그것은 시작일 뿐 완성은 아니었다.

마태복음 16장에서 예수님은 처음으로 자신이 십자가를 지고 죽으실 것을 제자들에게 얘기하신다. 예수님이 제자들에게 "너희는 나를 누구라고 하느냐?"15절 묻고, 베드로에게 "선생님은 살아 계신 하나님의 아들 그리스도십니다"16절라는 답변을 들으신 직후에 말이다. 하나님의 아들 그리스도의 삶은 자기를 부인하고 죽기까지 복종하신 삶이었다.

예수님은 제자들에게 예수님을 따르는 삶이 무엇인지 이때에야 비로소 말씀하신다. 그것은 "자기를 부인하고 제 십자가를 지는"24절 삶이다. 그러니 예수님을 따른다는 것은 죄에서 벗어나 자유와 행복을 누리는 것만 의미하지 않는다. 진정으로 예수님을 따르려면 예수님의 삶의 방식과 죽음의 방식까지도 따라야 함을 의미한다.

제자가 된다는 것은 말처럼 그리 간단하지 않다. 우리에게 익숙한 '값없는 은혜'에 대해 본회퍼는 전혀 다른 해석을 제시한다. 그는 예수님을 따르는 제자의 삶을 고민하는 우리에게 그리스도를 따르는 대가에 관해 말한다. 그는 복음서의 그리스도가 자신을 따르려는 사람들에게 모든 소유를 버리고 따르라고 명한다는 것은, 그리스도인이 되고 제자가 되는 것은 비싼 값을 치르고 나서야 얻을 수 있는 자격이기 때문이라고 했다. 그러면서 개신교에서 값없는 은혜를 강조하느라, 제자로 살면서 치러야 할 대가를 쉽게 놓쳤다는 점을 지적한다. 예수님의 제자가 되는 것은, 값없는 은혜를 누리는 것이 아니라 값비싼 대가를 치러야 하는, 본질적으로 무거운 일임을 강조했다. 이 속에서 드러나는 자기 의지의 포기, 즉 복종은 예수님의 삶의 방식을 따르는 제자도의 핵심이다.

복종의 첫걸음은 내려놓음이다. 제자들은 이 앞에서 넘어졌다. 예수님이 자신이 앞으로 고난당하고 십자가에서 죽을 것을 말씀하셨을 때 베드로는 "안 됩니다. 절대로 이런 일이 주님께 일어나서는 안 됩니다"22절라면서 예수님께 대들었다. 예수님을 아는 삶과 따르는 삶이 늘 같을 수는 없다. 그가 예수님을 사랑했음은 분명하지만, 그 안에는 여전한 자기의 꿈과 욕심이 자리를 잡고 있었다. 예수님을 따르는 삶조차 우리의 욕망을 투영하는 것이 될 수 있음을 베드로가 잘 보여 주었다.

한 부자 청년이 예수님께 나아왔다. 그는 어떻게 하면 구원을 얻을 수 있는지를 진지하게 고민했다. 스스로 모든 율법을 지키고 있다고 자부했다. 그런 그에게 예수님이 말씀하셨다. "네가 완전한 사람이 되려고 하면, 가서 네 소유를 팔아서, 가난한 사람에게 주어라. …그리고, 와서 나를 따라라"마 19:21. 하지만 그는 재산을 포기할 수 없어 그 말씀을 듣고 근심하며 돌아갔다. 여기서 재산이란 예수님께 복종할 수 없는, 그래서 포기할 수 없는 마지막 남은 자아이다. 누군가에게는 그것이 지식일 수도, 가족일 수도, 명예일 수도 있다.

이 지점이 복종과 자유가 맞닿는 곳이 아닐까. 우리가 포기할 수 없다고 꼭 움켜쥐었던 그 마지막 손을 펼 때 우리 삶에 비로소 자유라는 단어가 들어올지 모른다. 복종을 통해 얻는 자유란, 자신의 욕심과 욕망으로 부자연한 삶을, 이제는 더 큰 가치를 위해 비우고 포기할 수 있는 상태라고 말할 수 있을 것 같다. 이것이 복종이 존재의 굴레나 구속이 아니라 자유와 연결되는 이유이다.

만해 한용운 님의 시 중에 〈복종〉이라는 제목의 시가 있다.

남들은 자유를 사랑한다지마는, 나는 복종을 좋아하여요.
자유를 모르는 것은 아니지만, 당신에게는 복종만 하고 싶어요.
복종하고 싶은데 복종하는 것은 아름다운 자유보다도 달콤합니다. 그것이 나의 행복입니다.

그러나 당신이 나더러 다른 사람을 복종하라면 그것만은 복종
할 수가 없습니다.

다른 사람을 복종하려면, 당신에게 복종할 수가 없는 까닭입
니다.

이 시는 복종과 자유, 그로부터 얻는 행복의 관계를 통찰
하고 있다. 참다운 경배 대상에게 우리 자신을 온전하게 복종
시킬 때 그 어떤 것보다 달콤한 자유를 누리게 된다. 사랑하는
만큼 마음을 내줄 수 있다. 그리고 그렇게 비우는 만큼 그리스
도로 채울 수 있다. 기독교는 역설과 신비의 종교이다. 비우는
만큼 채워지는 것은 역설이며, 복종하는 만큼 자유로워지는
것은 신비이다.

우리는 복종이나 순종이 더 이상 가치 있게 여겨지지 않
는 시대에 살고 있다. 신앙에서도 그리스도를 위한 헌신과 희
생이 무의미한 낭비처럼 보인다. 때로 유별나게 신앙생활하는
것 같아 주위의 시선이 의식되기도 할 것이다. 이런 삶이 과연
의미 있는 일인지 주위를 곁눈질하게 된다. 그럼에도 복종과
자유, 온전한 복종을 통한 자유는 여전히 그 누구도 오늘의 기
준과 관념으로 섣불리 쉽게 평가할 수 없는, 하나님과 당사자
만의 내밀한 신앙의 신비의 영역이다.

요한복음 17장은 십자가를 앞둔 예수님이 하신 기도이
다. 가장 먼저는 자신을 위해, 그다음은 제자들을 위해, 마지

막에는 모든 사람을 위해 기도하셨다. 히브리서 기자는 예수님이 "부끄러움을 마음에 두지 않으시고, 십자가를 참으셨습니다"히 12:2 라고 표현했다. 예수님은 십자가가 주는 고통을 아시고 사람들 앞에서 받는 수치와 부끄러움도 아셨다는 것이다. 그 고통과 수치가 너무 컸기에 먼저 자신을 위해 기도하셨다. 아들을 영화롭게 하사 아들로 아버지를 영화롭게 하게 해 달라는 기도였다. 예수님은 십자가를 통해 아들 되심을 드러내 주시도록 기도했다. 예수님이 아들답게 된 것은 수많은 기적과 능력, 그가 전한 권세 있는 말씀 때문이 아니었다. 체포와 고통과 조롱과 수치 그리고 십자가 죽음이라는 통과의례를 통해서였다. 예수님조차도 심히 번민하고 피하고 싶다고 고백한 바로 그 길을 통해서 말이다.

예수님이 십자가를 앞둔 최후의 시험에서 온전히 시험을 이길 수 있었던 것은, 아마도 끊임없이 자신이 가야 할 길이 무엇인지 고민하고 붙들었기 때문이리라. 우리는 성경의 기록에서 예수님이 습관을 따라 기도하셨다거나, 새벽 동트기 전에 기도하셨다는 것을 읽을 수 있다. 현실에 매몰되지 않기 위해, 홀로 있는 시간에 자신만의 의례를 만드셨다. 그 시간에 예수님은 십자가 곧 현실에서 약속된 패배를, 하나님의 아들답게, 의연하게, 물러서지 않고 견딜 수 있도록 기도하셨다. 십자가만이 이 땅에서의 손쉬운 승리를 약속하며 다가오는 유혹을 떨쳐 내고 아들로서 인정받는 방법이었기 때문이다.

우리의 자아와 정체성은 눈에 보이는 현상이나 우리가 하는 일을 통해 형성되는 것이 아니다. 아무도 보지 않는 때에, 절대자와 나만 오롯하게 대면하는 그 고독의 시간에 우리의 정체성이 만들어져 간다. 그렇게 만들어진 가치관과 정체성은, 세상의 아침이 밝았을 때 그 세상이 제시하는 논리와 길, 방식을 거스를 수 있는 힘이 된다.

창세기 32장에 보면, 고향으로 돌아가는 야곱이 밤새 홀로 하나님의 사람과 씨름한 장면이 나온다. 하나님의 사람은 야곱에게 이름을 묻는다. "네 이름이 무엇이냐." 그리고 그의 이름을 '이스라엘'로 바꾸어 준다. 야곱은 '속이는 자' 야곱에서 '하나님과 대면하여 싸워 이긴 자' 이스라엘이 되었다. 그는 누구보다 집요하게 현실에서의 성취를 꿈꾸고 그 성취를 쟁취하며 살아왔다. 그러나 훗날 그는 그 길이 '험악한 나그네의 인생'이었다고 고백한다. 그의 인생의 변화는 밤새 하나님과 대면한 그 사건에서 시작되었다. 삶에 대한 성찰, 진정한 길에 대한 숙고, 그 길에 대한 확증을 갈구하는 마음이 하나님과 얼굴을 맞대고 씨름할 용기를 주었다. 예수님이 십자가를 앞두고 밤새 하나님과 씨름하며 아들로서의 정체성을 확인한 것처럼, 야곱도 진정한 길이 무엇인지를 알고자 밤새워 씨름하며 마침내 이스라엘의 정체성을 얻었다.

어떤 외적인 성취와 사람들의 평가가 그 사람을 규정하지 못한다. 그러나 그 평가 가치로 스스로를 규정하고 평가받고 싶을 때가 있다. 그런 경우, 자칫 우리는 하나님을 마주하는 대신 군중들 속에 숨는 선택을 한다. 하나님을 마주하는 일은 결코 쉽지 않다. 하나님을 대면하여 아들로서의 정체성을 찾고 이름을 찾아가는 과정은 비록 버거울지라도 그 자체가 '나를 찾아가는 여정'이다.

우리 삶이 혼란스러울수록, 짐이 무거울수록, 버티는 것조차도 힘들게 느껴질수록 절대자 앞에 단독자로 서는 자발적인 고립이 필요할지 모른다. 그것은 현실 회피나 도피가 아니다. 오히려 사람들의 시선 속에서 나를 찾지 않고 아버지 되신 하나님 앞에서 나를 찾아가는, 가장 적극적인 선택이다. 우리를 압도하는 전도의 순간, 영혼의 깊은 밤이 다가올 때에도 혼란과 부조리에 발이 걸려 넘어지지 않을 힘은 절대자와 대면하여 씨름하는 그 시간에 형성될 수 있기 때문이다.

'답게' 살아간다는 것은 엄청난 부담이다. 자녀답게, 부모답게, 그리스도인답게 살아가는 건 너무 무겁다. 하지만 그만큼 소홀히 할 수 없는 무거운 가치가 있다는 의미겠다. 그 무게가 무거울수록 우리 내면의 기도와 하나님 앞에서의 씨름은 더욱 간절해진다.

일상에서의

복종

하지만 복종은 이렇게 고차원적인 영성에만 적용되지는 않는다. 우리가 살아가는 개인의 일상에서, 좁게는 교회 공동체 넓게는 지구 공동체와의 관계에서도 복종의 의미를 확대해 볼 수 있다.

완전한 복종과 그를 통한 자유라는 심오한 의미 외에도, 복종은 그리스도를 따르는 삶을 실천하는 모두에게 적용될 수 있다. 그리스도인들은 '부름받았다, 소명받았다'라는 표현에 익숙하다. 앞서 언급했듯이, "나를 따르라" 하신 부르심과 그에 대한 복종은 연결되어 있다. 복종服從이라는 한자어를 보면, '붙어 서서 따르다'라는 뜻이 담겨 있다. 그리스도인들은 신학교에 가는 이들을 일컬어 '소명을 받았다'라고 표현한다. 한국의 많은 그리스도인들이 한국에서의 안락한 삶을 포기하고 '부르심'을 따라 해외 선교사로 나가면서, 한국이 세계에서 선교사를 가장 많이 파송한 국가였던 적도 있다. 이렇듯 '부름받다', '따르다'라는 개념은 복종과 연결되며, 기독교를 설명하는 데 매우 중요하다.

루터의 종교개혁 이후로, 특별한 사제나 수도사들만 부름받은 것이 아니라 이 땅의 모든 사람이 하나님께로부터 부름을 받았다고 가르쳤다. 누가 불렀다면 반드시 그에 대한 응답이 있어야 한다. 그 부름에 따르는 것이 복종이다. 이 부름은 선교와 같이 특별한 기독교의 확장이나 영향력을 위한 것만 지칭하지 않는다.

우리는 이 땅에 부름받은 존재로 왔다. 그 부름대로 일정 기간 머물다가 사라지는 존재들이다. 일정 기간 주인으로부터 명령을 받고 일을 맡아 한다는 뜻에서 '청지기'라는 말을 쓰기도 한다. 부르심 중에는 우리가 살아가는 이 땅을 보존하고 평화롭게 가꾸어 가야 하는 부르심도 존재한다. 그것이 이 땅을 창조하고 보살펴 가시는 하나님의 뜻이기 때문이다. 그러므로 기후 위기나 환경에 대해 문제의식을 가지고 할 수 있는 작은 실천을 해 나가는 것 역시 복종하는 삶의 한 갈래이다.

자본이 지배하는 세상 풍조에서 돈보다 더 소중한 가치가 있음을 알고, 더 나은 가치를 위해 작은 한 걸음을 내딛는 것도 복종의 삶이다. 소비주의 세계 속에서 그 안에 파묻혀 그냥 지나치지 않고 단순함과 소박함을 추구하는 삶을 선택하는 것도 복종의 한 방식이다. 나와 다른 모습, 다른 정체성을 가진 사람을 배제하고 꺼리기보다 하나님의 형상을 지닌 사람으로 기꺼이 인정하는 것 역시 복종이다. 복종은 우리의 입에서 실현되지 않고 우리 삶의 작은 실천에서 구현된다.

그런 점에서 우리는 매일 매 순간 복종과 불복종의 선택 속에서 살아간다. 내게 주어진 삶의 자리에서 내 마음속에 들리는 신앙의 소리와 양심의 소리에 얼마만큼 충실하게 응답하느냐를 기준으로 복종과 불복종으로 갈라진다. 그렇기 때문에 가장 신앙적이고 종교적으로 보이는 삶이 오히려 불복종의 삶일 수도 있고, 표면적으로 불신앙으로 보이는 삶이 진정한 복종의 삶일 수도 있다. 복종은 우리가 맡은 바에 대한 책임감으로 표현된다. 하나님께 대한 복종뿐 아니라 우리와 더불어 살아가는 이웃, 그리고 우리가 살아가는 이 땅의 환경에 대한 책임도 복종의 범위에 포함된다. 교회가 하나님을 향한 수직적인 복종은 강조하면서 이 땅의 사회 문제나 환경 문제를 외면한다면, 그것은 온전한 복종이라 하기 어렵다.

복종과
교회 공동체

이 가치가 교회 공동체에서는 어떻게 구현될까? 사도 바울은 공동체 사이에서 복종의 관계를 어떻게 구현해야 할지 갈라디아서 5장 13절 말씀에서 알려 준다.

형제자매 여러분, 하나님께서는 여러분을 부르셔서, 자유를 누리게 하셨습니다. 그러나 여러분은 그 자유를 육체의 욕망을 만족시키는 구실로 삼지 말고, 사랑으로 서로 섬기십시오.

새번역성경에 "서로 섬기십시오"라고 되어 있는 표현이 개역개정판에는 "서로 종 노릇 하라"로 번역되어 있다.

그리스도께서 이 땅에 몸으로 존재한다고 한 교회의 지표는 상호 복종하는 데 있다. "네 이웃을 네 몸과 같이"는 자기보다 남을 더 존중하는 마음이다. 역지사지의 마음이라고 할 수 있다. 교회 공동체는 상호 복종의 공동체이다. 상호 복종이란 상호 책임지는 태도라고도 말할 수 있다. '형제애, 자매애'라고 할 때 그 말의 무게는 무겁다. 교회 공동체는 자발적인 상호 복종으로 구현되는 진정한 시민 민주주의의 연습장이다.

상호 복종을 실천하는 장으로서의 교회는, 실은 엄청난 도전이다. 부부나 가족조차 같은 마음을 품기 쉽지 않은데, 그 단위를 넘는 사람들이 공존하는 공동체에서 평화를 기대하기란 어쩌면 불가능해 보인다. 하지만 복종은 우리의 성향이나 성품, 기질이 아니다. 복종이란 결정적일 때에 무엇을 선택하느냐 하는 삶의 태도에 가깝다. 유리한지 불리한지 따지지 않고 마음 깊은 데서 들리는 소리에 진실되게 반응하는 것이 복종하는 태도이다. 또한 자유로운 상황에서도 한 번 더 타인의 입장에서 생각해 보고 돌아보는 연습을 하는 것, 그래서 때로 옳은 생각까지도 내려놓을 수 있는 것, 그것이 상호 복종하는 태도이다. 이러한 태도를 연습한다면, 복종을 통해 누리는 자유의 의미를 조금 더 알게 될 것이다.

이런 맥락에서 교회의 존재 목적과 교회가 추구하는 가

치도 다시 생각해 볼 수 있다. 교회가 '그리스도 안에서 얻은 자유를, 서로 섬기고 종 노릇 하는 복종의 삶으로 구체화하는 장소'라는 정의에 따른다면, 교회의 목적은 교회 밖으로 영향력을 확대하고 추구하는 것이 아니다. 외부에 선한 영향력을 끼치는 것이 아니라 그리스도께 복종하는 연습을 하는 것, 그 자체가 교회의 가장 큰 목적일 수 있다. 그렇다면 교회는 그리스도께 복종하는 연습을 위해 이 땅에서 존재를 드러내고자 하는 욕망, 다스리고자 하는 욕망, 영향력의 욕망조차 포기해야 한다.

'규모의 경제'라는 말이 있다. 투입 규모가 커지다가 일정 수준에 이르면 그때부터는 오히려 평균 생산 비용이 줄어들고 이익이 늘어난다는 것으로, 규모와 성과의 상관관계를 말한다. 큰 교회가 많은 좋은 일을 더 할 수 있는 자리에 있음은 부정하지 않겠다. 규모가 되니 외적인 구제나 봉사 활동부터 교회 내적인 운영까지 매끄럽다. 그런 이유로 많은 이들이 규모가 갖춰진 교회에 훨씬 끌리는 것은 당연해 보이기도 한다. 큰 교회가 더 큰 십자가를 진다는 자부심 가득한 표현이 등장하는 것도 납득할 수 있다.

이런 현실에서 교회가 가난, 순결, 복종을 얘기하는 것은, 한편으로는 현실 부정이자 도피 내지 자격지심의 발로처럼 보인다. 애당초 교회가 커질 가능성이 없어 보이니 자기 합리화의 길을 걷는 것일 수도. 그럼에도 가난, 순결, 복종과 같은 기독교의 전통적인 가치가 유효하다고 믿는 이유는 그것이 우리와 우리 자녀에게 공동체 경험을 줄 수 있기 때문이다. 체계적인 교회학교를 하지 못하더라도, 아이들의 눈에는 공동체를 살아가는 어른들의 관계와 삶이 보인다. 아이들에게 지식이나 말로 예수님의 가르침을 전달하지 않더라도, 예수를 말하는 어른들의 삶의 모습을 통해 그 가르침이 전달되고 인식될 것이다. 예배 시간에 전해지는 어른의 언어, 설교의 언어를 다 이해하지 못하더라도 그 감성과 분위기가 아이들에게 스며들 수 있다면, 공동체 감성을 함께 형성해 갈 수 있다.

공동체는 살아 냄, 그 자체가 목적이다. 그 삶에 소박함, 순결함, 서로에 대한 존중과 복종이 있다면 공동체의 필요충분조건은 다 갖추었다고 믿는다. 공동체에서 가난은 돈이 있고 없고의 개념이 아니라, 스스로 단순함, 소박함, 절제를 추구하는 삶의 모습이다. 순결은 개인의 윤리와 도덕의 문제에 제한되지 않고 상호 존중의 구조와 연결된다. 또 복종은 잠깐 멈추어 숨을 한 번 깊게 들이쉬는 데서 시작된다. 공동체 안에서, 작지만 소중한 이 싹을 아름답게 가꾸어 가야 한다. 그럴 때 지구 공동체의 요구에 복종하는 공동체를 만들 수 있다.

2부

교회

다시 묻기

평등

도심 속 수도 공동체

성직주의와 교권주의의 폐해가 있다고 해서 전문가로서의 목회자와 제도 교회를 부정할 수는 없다. 그런데 부정하지 않는다는 것이 그 틀을 바꿀 수 없다는 뜻은 아니다. 대안까지는 아니겠지만, 오늘날의 현상과 대조되는 교회 공동체를 만들 상상력에 기대어야 할 때가 무르익었다. 나는 도심 속 수도 공동체라는 이름으로 그런 공동체를 꿈꾼다. 성직주의나 교권주의라는 말은 교회 내에서 계층, 아니 암묵적으로 계급을 나눈다. 공동체 안에서 목회자와 평신도가 평등하지 않다. 그러다 보니 이 두 그룹 사이의 주도권을 둘러싼 갈등과 긴장은 이제 교회에서 일반화되었다. 한국 사회에서 민주주의를 실천할 능력이 가장 없는 조직이 교회라고 한다면 지나칠까?

이중직이라는
모호함

개인적으로 '이중직 목회'라는 표현도 성직주의가 낳은 기형적인 것이라 생각한다. 목회자 공급 과잉이 낳은 현상 중 하나가 이중직 목회이다. 하지만 이 말도 어디까지나 목회자 중심의 표현이다. 누가 요구하지 않았는데도 이중직 목회자에 대한 논의에 찬반의 목소리를 내는 이들의 절대다수가 목회자이다. 동조하는 이도 반대하는 이도 목회자들이다.

그런데 원론적으로 생각해 보자. 동서고금을 막론하고 어느 고등 종교에 '일하는' 성직자가 존재했을까? 멀리 갈 것 없이 오늘 한국의 가톨릭, 불교 등 타 종교만 보아도 성직자들이 이중직 문제로 고민한다는 소리는 들어 본 적이 없다. 그렇다면 여기에서 말하는 이중직은 어떤 의미일까? 흔히 직장인들이 하는 투잡, 쓰리잡과 같은 의미일까? 전혀 아니다. 이중직은 '목회자'가 성직과 속직을 겸하여 섬긴다는 의미이다.

달리 말하면, '평신도'가 직장 생활을 하며 교회 봉사를 하는
건 이중직이 아니다. 아무리 헌신적으로 교회 생활을 하더라
도 말이다.

개신교가 자랑스럽게 따르는 종교개혁은 성직을 없앴다.
엄밀히 보면 목회자는 성직자가 아니다(개신교로 묶이지만, 영
국 성공회와 후에 거기서 나온 감리교는 다르다. 그것까지 여기서 설
명할 일은 아니다). 나는 이중직의 뿌리를 성경의 사도 바울로
부터 찾고 종교개혁 사상이 정당화해 주고 있다는 것을 원론
적으로 부정하지 않는다. 그러나 삐딱하게, 곧 냉정하게 얘기
하자면, 이중직의 '성경적' 근거보다 현재 개신교 체계의 성경
적 부합성을 찾기가 훨씬 어렵다. 그렇다면 이중직의 정당성
을 주장하기 전에, 현재 개신교 체계의 비정상성을 먼저 말하
는 것이 논리적으로 바른 순서가 아닐까.

불가피한 선택과 정당한 선택은 구분해야 한다. 이중직
목회는 성경의 교회론에 근거한다는 자긍심을 가지고 선택하
는 도덕적·윤리적 우월감의 문제일 수는 없다. 그렇게 바라본
다면, 이미 수천 년 동안 그렇게 살아온 이른바 평신도들에 대
한 예의가 아니다. 나도 이중직 목회자들이 잘되기를 바라고
응원하지만, 그렇게 박수 치고 끝낼 문제는 아닌 것 같다.

이중직을 폄하하는 발언에 분개하는 목회자들이라도, 신
학생들이 교회에서 교육전도사 사역을 안 하고 아르바이트를
하는 현실을 대부분 곱지 않은 시선으로 바라본다. 목회를 배

우며 헌신해야 할 때에 딴짓을 하고 있다고 생각한다. 물론 두 가지가 같은 문제인지는 더 따져 봐야겠지만, 맥락에서 큰 차이가 있을까 싶다.

그 맥락의 중심에는 이른바 목회자들이 가진 성직주의가 있다. 앞서 말했지만, 개신교는 성직주의를 타파하고 나온 종파이면서도 그 어떤 종교 못지않게 성직주의가 뼛속 깊이 자리하고 있다. 만인사제주의만 해도 그렇다. 모든 사람이 특별한 지위를 가진 사제가 아니라, 목회자를 포함한 모든 사람이 평신도라고 해야 하지 않을까? 종교개혁이 초대교회의 정신을 되새기는 거라면, 성직 위계가 없던 그 자리로 돌아가는 게 맞다. 이런 철학과 실천이 동반되지 않을 때 이중직 목회는 흔한 개신교 성직주의의 또 다른 변용일 뿐이다.

성경의 가치와 근거를 따르고자 한다면, 먼저 '목회자가 특별한 성직인가'라는 질문을 해야 한다. 그렇지 않다면, 아무리 진지해도 이 논의는 목회자들의 담론에 그친다. 그렇게 되면, 전액이든 반액이든 여전히 교회에서 목회자를 재정적으로 지원해야 하는 위치에 있는 절대다수인 성도들의 존재는 지워지고 숫자로 환원될 뿐이다.

숫자만 가지고 한번 따져 보자. 각각 다른 교회에 다니는 두 성도가 같은 액수의 헌금을 하는데, 그중 한 성도가 일하는 목회자의 교회에 출석한다는 이유로 목회 서비스를 절반만 받는다고 하자. 그 성도는 다른 교회에 다니는 성도와 동일하게 행복할까? 절반의 서비스에도 교회 출석과 헌금을 지속하는 것이 가능할까? 성도의 시점에서 이중직의 영향은, 현실 때문에 어쩔 수 없다고 간단하게 덮고 지나갈 수 있는 문제의 범위를 넘어선다. 그럼 목회자의 시점에서는 어떤가? 기본적인 생활을 영위하고 생존을 이어 나가기 위해 이중직이 필요한 상황이다. 그럼에도 목회나 신학을 전공했다는 이유로, 교회에서 한 사람의 성도로 섬기기보다 리더십의 자리에 서야 한다는 과한 책임감을 느낀다. 이중직 목회자들이 강고한 성직주의를 벗어 버리지 않는 한, 이중직의 지속 가능성에 궁극적인 물음표를 던질 수밖에 없다.

내가 살고 있는 캐나다 밴쿠버를 예로 들어 본다. 한인 인구를 8만 정도로 보는데, 한인 교회는 줄잡아 200개가량 된다고 한다. 이곳에서 목회자의 이중직은 신학적 논의의 대상이 아니라 일상이다. 10년 이상 이런 상황을 지켜보며 확인한 한 가지는, 일하는 목회자의 성직에 대한 정체성이 더 확고해진다는 점이다. 성과 속이 구분되지 않으며 모든 것이 성스럽다고 하지만, 막상 성과 속을 구분하거나 구분하지 않는 것은 항상 목회자들에게만 적용된다.

교회에서 목회자는 자신의 직분에 대해 스스로 상대화할 수 있어야 한다. 이중직 목회가 가능하려면, 목회자 자신도 특별한 위치가 아니라 교회의 구성원 중 한 사람으로 자리매김해야 한다. 그렇게 되지 못한 상황에서, 이중직이 초대교회의 모델이고 성경의 모델이기 때문에 하는 것이라는 발언은, 적어도 내게는 설득력이 없다. 이중직 목회자의 교회가 전적으로 교회에서 재정을 지원받는 목회자의 교회보다 안정성이 현저히 떨어지는 상황을 수없이 목격하기 때문이다. 목회자가 스스로 생활비를 조달하면서 교우들까지 목양하다 보면 당연히 지친다. 성도들은 목회자에게 충분한 돌봄과 관심을 받지 못한다고 느낀다. 교회에서 사례비를 절반만 준다고 해서 목회자에게 절반만 기대하지 않는다. 그러나 생계 전선에 나선 목회자에게 미안함을 느끼기 때문에 목회자에게 연락하지 못하는 대신 목회자의 배우자에게라도 연락을 한다. 결국 교회의 관심이 목회자에게 안정적으로 사례비를 지원할 재정 구조를 어떻게 만들어 갈 것인가로 모인다. 그러다 교회가 깨지기도 하는데, 깨진 교회의 성도들은 같은 일을 겪지 않으려고 대형 교회로 간다. 이것이 밴쿠버에서 십수 년째 목격하는 악순환이다. 이중직은 그렇게 아름다운, 이상적인 관념이 아니다.

목회 외의 일에 종사하는 것이 이중직 목회가 아니라거나 틀렸다는 말이 아니다. 전통의 목회와 다른 구조를 선택하려면, 선택하기 전에 목회자를 포함해 교회 구성원의 철학과 인식이 달라져야 한다는 말이다. 이런 교회 공동체가 되려면 목회자가 주도하는 위계 중심의 구조에서 벗어나야 한다. 이중직은 목회자의 문제가 아니라 교회의 선택이어야 하며, 성도들이 그 선택을 주도해야 한다. 그렇지 않다면, 이중직은 불가피한 현실에 기반하여 목회자 중심주의나 성직주의의 연장선에 그치기 쉽다.

이런 구조를 생각한다면, '이중직'이라는 단어를 쓰면 안 된다. 하지만 머리로는 아니라는 걸 알면서도 쓰는 게 현실이다. 왜 그럴까? 목회자가 아니라 넘겨짚지는 못하겠지만, 여전히 목회자가 중심이 되어야 한다는 강박 때문이 아닐까. 그 선한 책임감과 강박 때문에 한국 교회에서 평신도는 여전히 소외된다. 목사와 집사가 다른 기능을 하는 동등한 직분이라는 걸 공동체에서 인정하고 실천하지 않는 한, 이중직 목회자의 구조는 지속이 가능하지 않다. 이 구조에서 목회자에게 올라운드 플레이어가 되기를 요구하는 건 맞지 않을뿐더러 목회자가 그런 정체성을 가지는 건 바람직하지 않다.

단순하지 않은 이중직의 무게를 각오하지 않고 이중직 목회 자체에만 가치를 부여한다면, 현실성이 떨어지게 마련이다. 만약 목사인 지인이 교회를 개척한다고 하면 나는 어떻게 할까? 그를 응원할 수 있을까? 우선은 신중하게 생각하라며 말릴 것 같다. 현실이 이럼에도 그저 귀한 일을 한다는 이유로 이중직 목회자를 응원하자고 독려하는 건, 어쩌면 그를 더 치사하고 자괴감 들게 만드는 일일 수도 있다.

제도 교회는 목회자가 교회에서 특별한 역할을 수행하고 그 일로 생계를 이어 가도록 물질적인 대가를 교회가 전적으로 지원하는 구조이다. 그게 장구한 역사 속 교회의 모습이다.

그렇지만 그 구조가 더 이상 한국 교회에서 작동하지 않는다면, 일하는 목회자는 목회자로서의 과도한 자의식을 스스로 내려놓아야 하는 게 맞다. 하지만 경험칙은 성직주의를 더욱 강화한다. 그게 자존심이고 존재 의미라고 판단하기 때문이다. 상황 때문에 이렇게 되는 건 너무 궁색하다.

이왕 피할 수 없다면 한 걸음 더 나아가자. 지금이야말로 상상력을 더할 때이다. 목회자가 꼭 교회의 주체가 되어야 할까? 목사라는 직분이 교회 공동체에서 특별한 위치를 점해야 할까? 여전히 한 사람의 담임 목회자를 중심으로 구성되는 체계가 필요할까? 목회 훈련을 받은 여러 명의 목사가 평신도로 참여하는 공동체 교회를 시도할 수는 없을까?

내가 이해하는 교회 역사에서, 성직주의와 이중직은 쉽게 양립할 수 없는 단어이다. 이것도 취하고 저것도 취하기란 만만치 않다. 따라서 성직이라는 의식을 벗고 다른 이들과 동일한 위치에 자리해야 한다. 그럴 때 목회자만이 아니라 모든 교회 구성원이 '이중직 목회'를 하게 된다. 공동체에 대한 의지와 철학, 희구는 목사라는 타이틀을 가진 이들만의 전유물이 아니다. '이중직이라는 단어가 더 이상 필요하지 않다' 정도가 아니라, 그 단어를 쓰지 않고도 목회자가 교회 공동체에서 자신의 정체성을 흔들림 없이 찾아갈 수 있을까? 정말 진지하게 묻고 싶다.

코로나 이후에 모두가 위기라고 말하지만, 사람에 대한

고민, 공동체에 대한 고민은 여전히 종래의 관성을 넘어서지 못하고 있다. 위기에 관한 목소리가 커지면서 오히려 목회자 중심주의가 과하게 표출되는 듯한 현상을 본다. 여기서 나는 작은 말들이 그 고민을 엮어 가는 데 재료가 되기를 소망한다. 자발적으로, 용기 있게, 그 공동체를 향해 한 걸음씩 걸어가길 바란다. 작은 용기가 큰 변화로 이어질 수도 있다. 지금은 그게 필요하다. 개개인이 진정한 주체로 서서 희망의 끈을 연결하여 연대해야 한다.

나 역시 새로운 공동체를 궁리하고 시작했다. 앞으로 어떤 모양으로 전개될지는 미지수이지만, 그간 나누고 실행해 왔던 얘기를 '도심 속 수도 공동체'라는 문구로 정리해 보고자 한다.

구도자들의
공동체

'교회' 하면 목회자와 성도들로 구성된 전형적인 모습이 떠오른다. 이민 사회 속에서 교회는 종교적 목적 외에도 소셜 커뮤니티의 중심이기도 하다. 이곳 밴쿠버의 특징 중 하나는 이민자의 이동성이 높다는 것이다. 이런 환경 속에 공동체를 '또 하나' 세운다는 것이 무슨 의미가 있을까?

하지만 오랜 기간 모양이 다른 공동체를 고민하고, 생각하고, 글도 써 왔다. 그 공동체는 일종의 수도 공동체라고 할 수 있다. (여기에서 수도 공동체란 따로 모여 공동생활 하는 수도원을 의미하지 않는다. 수도원의 특징을 담아내는 교회라고 이해하면 될 것 같다.) 이 공동체는 구조, 활동, 지향 등에서 조금 도드라진 특징을 가진다.

첫째로, 수도 공동체의 가장 큰 특징은 참된 진리나 인생의 의미, 영원의 가치 등을 찾기 위해 자발적으로 나선 구도자들로 구성되어 있다는 것이다. 일반적인 맥락에서 보자면, 교회는 진리의 담지체이자 구원의 방주로서, 잃은 자를 찾는 공동체라는 자의식이 강하다. 우리네 삶이 일생 진정한 가치를 찾아 걸어가는 나그네요 구도자라는 인식을 놓칠 때가 있다. 우리가 초월자에게 진정으로 집중하며 살아가려면, 자신의 삶을 스스로 그리고 진솔하게 되돌아보고 성찰하는 것이 전제되어야 한다. 스스로를 진실하게 마주할 때 우리 삶이 비로소 창조주에게 향할 수 있다. 이민 사회에서는 일반적으로 아이들을 위한 프로그램이 잘 구비되어 있는 교회를 찾는다. 그 중요성을 외면할 수는 없지만, 우리 스스로 구도자라는 당연한 자의식을 반복해서 돌아보는 교회 공동체가 되었으면 한다.

둘째로, 수도 공동체는 계서hierarchy가 아닌 모두가 형제요 자매인 동등한 공동체이다. 한 명의 담임 목회자와 복수의 목회자 그룹과 다수의 성도 그룹으로 구성된 것이 교회라면,

수도원은 '신자'의 공동체를 추구한다. 성찬식 집례와 같은 필요 때문에 사제를 두기도 하지만, 대개 수도회는 사제가 아닌 평수도자들로 구성된다. 목회자나 비목회자 모두 절대자 앞에서는 구도자이다. 이 자세가 갖춰질 때 깊숙하게 뿌리내린 성직중심주의에서 벗어날 수 있다. 우리 공동체에서 함께하는 분들 중에는 목회자도 있다. 기능에 따라 각자의 장점을 살려 여러 가지를 분담하지만, 모두가 같은 가치를 지닌 회중들의 공동체이다. 모두 직업 곧 풀타임 잡을 각자 가지고, 공동체 내에서는 기능에 맞는 역할을 하고 있다.

셋째로, 수도 공동체는 수도원 밖을 지향한다. 수도 공동체에 대한 흔한 오해 중의 하나가, 수도원은 이 세상에 속하지 않은 타계적인 가치만을 추구하는 곳이라는 편견이다. 역사적으로 새로운 수도회는 당대 제도 교회의 한계에 대해 대조 공동체의 성격을 띠고 나타났다. 가장 탈속적이고 타계적인 것 같지만, 사실은 가장 치열하게 현실에 대해 고민하는 공간이다. 교회는 공동체 밖의 '타자'를 지향해야 한다. 구원이란 자신의 삶을 돌아보는 개인적인 것에서 출발하지만, 그것을 넘어서서 타자와 더불어 이룩해 가는 사회적이고 공동체적인 가치이기도 하다. 수도 공동체의 목적은 공동체 구성원 수를 늘리는 것이 아니라, 공동체 안에서 자유와 치유와 돌봄을 체험한 이들이 그 체제 밖으로 나가 또 다른 공동체를 섬길 수 있도록 준비하는 것이다. 우리의 공동체는 전통 교회의 재정 지출 구조와 달리 자족 공동체이므로 밖을 향한 연대에 좀 더 마음을 쏟을 수 있을 것 같다.

유목민의
정체성

우리 모두는 일생 구도의 길을 걷는 나그네이다. 정주하기settled보다는 방랑하는nomadic 사람들이다. 그 길은 외롭다. 뜻이 맞는 사람과 같이 한참을 흥겹게 걸을 수도 있지만, 대부분은 다시 헤어져 혼자가 되는 길이다. 이민 사회는 유목민적인 특성이 짙다. 사람에게 깊은 정을 주었다가 그 마음이 곧 헤어짐의 상실감으로 이어지는 경험을 수도 없이 한다. 피할 수 없는 일이다. 그렇기 때문에 외로움과 상실감은 익숙해져서 견뎌 내야 하는 것일지도 모른다.

우리의 수도 공동체에도 몇 가지 익숙해져야 하는 것이 있다. 낯섦과 헤어짐 그리고 불편함이다. 이를 감내해야 공동체를 넘어 타자를 향할 수 있다. 스페인 산티아고 순례길에는 순례자들이 묵는 '알베르게'라 부르는 숙소가 있다. 힘든 하루의 걸음을 마친 이들에게 따뜻한 한 끼 식사와 샤워, 포근한 잠자리를 제공하는 곳이다. 매일같이 낯선 만남이 있고, 매일같이 헤어짐을 경험한다. 자연스레 불편함이 따라온다.

우리 공동체에는 소수의 정주민와 다수의 유목민이 동거한다. 어색하거나 불편하게 여기지 말고 그 다름에 익숙해져야 한다. 공동체의 처음은 일정 기간 정주 의사가 있고 그 가치에 마음을 같이하는 이들로 구성된다. 그리고 그들이 다른 유목 공동체와 함께 살아가는 형태가 될 것이다. 유목민으로 있던 이는 일정 기간이 지나면 다른 공동체를 향해 떠날 수도, 정주민이 될 수도 있다.

여기에 아주 현실적인 고민, 어쩌면 가장 큰 고민이 하나 남아 있다. 밴쿠버에서만이 아니라 대개의 경우, 그리스도인들이 새로운 장소로 이동하여 교회를 택할 때 자녀를 둔 이들은 교회학교가 잘 갖춰져 있느냐를 최우선 기준으로 둔다는 것이다. 그러나 나는, 앞서 말한 것처럼, 자녀들을 기준으로 교회를 선택하지 말았으면 한다. 자녀 때문에 교회를 택하는 것이 불가피할 수 있지만 그다지 바람직하지는 않다고 생각한다. 여기에는 두 가지 이유가 있다. 첫째로, 신앙이란 내가 절대자 앞에서 홀로 마주하는 일이라고 생각하기 때문이다. 누구 때문에, 누구를 위해서란 어쩌면 그다음이겠다. 둘째로, 수도 공동체에서 자녀들은 '다음' 세대가 아니라, 그 자체로 독립적인 세대이기 때문이다. 역사 속에서 수도 공동체의 큰 역할 중 하나가 유소년 교육이었다. 핵심은 잘 갖춰진 시스템이나 규모가 아니라 철학이다. 교회교육이란 파트타임 사역자에게 맡겨 두는 것이 아니라, 공동체가 합의한 확립된 가치를 가지고 세대를 넘어 지속되는 교육이라고 생각한다.

나는 한국 교회에서 가장 무서운 단어가 '다음 세대'이다. 중의적으로 해석되기 때문이다. 많은 이들이 다음 세대 앞에서는, 즉 내 아이 문제 앞에서는 모든 이성과 논리를 뒤로 접어 둔다. 그러나 우리의 자녀들도 오늘을 함께 향유하는 공동의 세대이다. 따라서 그들에게 필요한 것은 특화된 교육이 아니라, 서로 보고 배우며 세대가 더불어 살아가는 훈련이다. 거기에서 공동체의 힘이 나온다. 그 점에서 한국 교회는 과연 공동체의 정체성을 유지하고 있는지, 공동체가 맞기는 한 건지 자문해야 한다.

아주 조금 다른
대조 공동체

앞서 얘기한 공동체의 구조와 구성보다 더 중요한 것은 공동체의 가치 지향이다. 나는 우리가 고민하며 이루어 갈 수도 공동체를 화해, 포용, 평화의 공동체로 만들어 가고 싶다. 지금 많은 교회가 신앙적 확신과 선명성을 전면에 내세운다. 그러다 보니 다름과 차이에 대한 불편함이 필연적으로 뒤따른다. 다름을 혐오하고 타자를 배제하면서, 교리적·실천적 확신이라는 기준을 가지고 이 일을 정당화하는 행태를 지켜보는 데 지쳤다. 또한 남성(목회자) 중심의 가부장적인 틀도 깊이 돌아보고, 여성 리더십의 역할도 고민해야 한다. 함께 고민하는 공동체에서는 이처럼 익숙해 있던 것들을 하나씩 풀어 점검하는 과정을 거쳐야 한다.

적어도 지금은 잘 모른다는 낮은 마음으로, 서로 물어보고 더듬으며 찾아보자고 해야 할 때라고 생각한다. 예측할 수 없는 더 큰 세계 앞에서 독단을 내세우기보다는, 변화하는 세상에서 진실된 삶이 무엇인지 묻고 궁구해야 한다. 공동체 안에서는 어떤 질문이라도 기꺼이 허용되고 통용되면 좋겠다. 그러다 보면 자연스레 겸손한 공동체가 될 것이다.

화해와 포용이라는 관념이 이론적으로 강의실에서만, 책에서만 고민하는 가치가 아니라, 삶의 흔적으로 드러나길 바란다. 다름과 차이가 공동체에 존재하는 것은 분명히 불편한 일이겠지만, 그렇더라도 그 불편함이 배제로 흐르지 않는 성숙을 지향한다. 용감하게 평화를 말할 수 있는 공동체를 형성해 가고 싶다. 평화는 분쟁이 없는 것이 아니라 정의가 실현된 상태라고 한다. 이것이 교회의 발언이라고 믿어 왔기에 실천하고 싶다.

물론 이런다고 해서 '얼마나 다른' 혹은 '얼마나 이상적인' 공동체를 세우겠는가? 그저 현실에서 볼 수 있는 대부분의 교회와는 아주 조금 다른 대조 공동체가 하나쯤 있어도 좋지 않을까 하는 소박한 바람일 뿐이다.

연대

누구도 섬이 아니다

전 세계는 수년간 코로나19 팬데믹을 겪었다. 그로 인한 사회 변화는 전통적인 한국 교회에도 큰 영향을 끼치고 있다. 《한국 교회 트렌드 2023》이라는 책에 '플로팅 크리스천Floating Christian'이라는 신조어가 언급되었다. 팬데믹으로 온라인 예배가 도입되면서 등록한 교회에 가서 주일 예배를 드리던 풍속도가 급속하게 바뀐 데서 기인했다. 그 형태도 다양하여, 이 교회 저 교회를 순례하며 예배를 드리거나, 같은 방식으로 여러 교회의 온라인 예배를 찾아 드리는 모양새로 나타난다. 현장 예배 출석이 코로나 이전의 70퍼센트 언저리라고 하니, 그 영향이 생각보다 크다.

이 현상을 섣부르게 분석할 수는 없지만, 코로나 기간을 겪으면서 교회에 대한 신뢰도가 하락한 것도 무시할 수 없는 요인이라고 생각한다. 또 신앙이 반드시 교회를 통하지 않고도 개인적으로 지켜 갈 수 있는 것이라는 인식도 영향을 주었다고 볼 수 있다. 팬데믹은 한국 기독교의 맥락에서 그간 누적되어 온 부조리에 대한 인식과 저항으로 귀결되고 있다. 마치 중세 말 흑사병 창궐이 새로운 르네상스 인간형을 만들었듯이 말이다. 교회에 대한 실망이건 신앙의 개인성에 대한 재발견이건 이 현상에서 부정할 수 없는 한 가지는, 우리가 살고 있는 이 시대에 전통적인 가치를 공유하고 상호 유대에 기반한 공동체가 사라지고 있다는 사실이다.

공동체주의

세속의 역사는 당연히 그러하지만, 교회 역사도 자연재해 같은 전염병이나 전쟁 같은 인재를 겪으면서 커다란 전환을 경험해 왔다. 예컨대, 유럽에서 촉발된 제1, 2차 세계대전은 계몽주의와 근대성에 대한 믿음을 속절없이 무너뜨린 사건이었다. 그러니 부조리한 사회와 그 속에 던져진 존재로서의 개인에 대한 실존적인 고민들이 대두되는 것은 당연할 수밖에 없었다. 개인이 속한 국가나 신앙 공동체에 선한 결실을 더 이상 기대하기 힘든 부조리한 상황 속에서 실존적인 고독과 불안을 겪어야 했다.

카뮈나 사르트르 같은 실존주의 사상가들은 부조리를 직면하고 불안정한 인간의 존재 자체를 자각하는 데서 인간의 진정한 자유를 경험할 수 있다고 주장했지만, 모두에게 그런 수준을 기대하기란 쉽지 않다. 인간은 목적 없이 던져진 존재라고 실존주의자들이 주장한 명제에는 선뜻 동의하기 어렵다.

인간은 누구나 하나님 앞에서 자신의 인생을 책임지는 단독자로 살아간다. 이 사실만큼은 부정할 수 없다. 그러나 그것이 전부는 아니다. 하나님은 제한적이고 연약할 수밖에 없는 인간에게 더불어 살아가는 공동체도 주셨다. 아담이 혼자 사는 것이 좋지 못함을 아시고 아내 하와를 보내 주셨다. 이렇게 함으로써 '가정'이라는 가장 기초적인 사회가 구성되었다. 사도 바울은 남녀가 합하여 형성된 태초의 가정 공동체에 대해 "이 비밀은 큽니다"라고 감탄하였고, 이 가정 공동체를 그리스도와 교회의 관계에 비유하기도 했다엡 5:31-32. 어느 시대든지 하나님이 주신 공동체의 쓸모는 여전하며, 여전해야 한다. 그러니 공동체에 등을 돌리기 전에 먼저 부조리로 깨어진

부분을 살피는 것이 바른 순서겠다.

그렇다면 사회 즉 공동체의 부조리함을 극복하는 방법은 무엇일까? 공동체 구조에 구속되지 않는 초월적 자아를 만드는 것일 수도 있지만, 그 안에 속한 한 유기체로서 공동체성을 다시금 인식하고 그 공동체의 회복을 위해 궁리하는 것도 그 방법의 하나이다. 이 지점에서 공동체주의communitarianism라고 부르는 이데올로기가 출현했다. 공동체주의는 개인으로 이루어진 파편화된 현대 사회의 대안이라고 할 수 있다. 사회가 파편화되었다는 것은 사회 공동체가 추구하는 덕virtue을 상실했음을 의미한다.

극단적 개인화는 아노미를 야기한다. 도덕이란 사회가 공유하는 이상적인 행위 규범, 곧 사회 공동체의 안정적인 존속을 위해 쌓아 나아갈 합의된 규범이기 때문이다. 그러나 도덕이나 윤리는 만고불변의 절대적인 것이 아니다. 이것은 사회 공동체의 합의에서 추출된 산물로서 가변적이다. 새로운 사회 공동체가 출현한다면 그 공동체가 지향하는 덕도 달라지게 마련이다. 따라서 덕에 대한 강조를 단순히 전통주의나 보수주의와 동일시하는 것은 충분하지 않다. 그와 함께 도덕윤리 규범의 상대화를 넘어선 상태도 도덕이나 윤리의 절대성만 강조하는 것만큼이나 위험하다.

공동체주의와 실존주의에서 엮어 낼 수 있는 가치는 고독solitude과 연대solidarity이다. 부조리한 현실 속에서 누구나 고

독한 존재로 살아가지만, 그 존재들의 연대는 단단하고 쉽게
무너지지 않는 공동체를 만들 수 있기 때문이다.

성 베네딕토
기다리기

현대 공동체주의에 대해 목소리를 내는 대표적인 학자
중에 스코틀랜드 출신 철학자 알래스데어 매킨타이어가 있다.
그는 자신의 대표작《덕의 상실*After Virtue*》에서 계몽주의 이래
근대 유럽의 개인주의가 도덕적인 위기를 자초했음을 지적하
고, 근대 세계의 위기를 벗어날 방안으로 도덕과 윤리를 강조
한다. 그는 지역의 공동체성이 파괴되는 일이 도덕적 삶의 상
실로 연결됨을 지적하면서, 부조리한 현대 사회의 대안으로
공동체성을 이야기하며 기대를 걸고 있다.

공동체주의라고 하면 우리는 쉽게 전통과 보수성을 떠올
린다. 하지만 그는 단순히 의도적인 공동체를 만드는 것을 이
야기하지 않는다. 진정으로 성공적인 공동체는 '사회 정의를
위한 투쟁의 중심지'가 되어야 한다고 강조한다. 파편화되고
개별적으로 흩어져 사회 참여에서 힘을 잃고 후퇴하는 것이
아니라, 더 나은 세상을 만들기 위해 함께 일하도록 부름받은
사람들을 위한 전초기지여야 한다.

이 단계에서 중요한 것은, 이미 우리에게 닥친 새로운 암흑시대를 통해 공손하고 지적이며 도덕적인 삶을 유지할 수 있는 지역 공동체를 구축하는 것이다. 그리고 마지막 암흑시대 속에서도 미덕의 전통이 공포를 이겨 낼 수 있다면, 희망의 근거가 전혀 없지는 않다. 그러나 이번에는 야만인들이 국경 너머에 있는 것이 아니다. 그들은 이미 우리를 꽤 오랫동안 지배해 왔다. 그리고 이에 대한 우리의 인식 결여가 우리의 곤경의 일부를 구성하고 있다. 우리는 고도Godot를 기다리는 것이 아니라 또 다른, 틀림없이 매우 다른 성 베네딕토를 기다리고 있다.

Alasdair MacIntyre, *After Virtue*, 263.

매킨타이어는 자신의 책을 마무리하면서 고도가 아닌 베네딕토에게서 그 해답을 추구한다고 말한다. 고도는 부조리극의 대표작으로 알려진 사뮈엘 베케트의《고도를 기다리며》에 나오는 인물 고도를 의미한다. 이 작품은 고도를 기다리는 사람들의 이야기이지만, 고도의 실체를 아는 사람은 아무도 없다. 심지어 극작가 베케트 자신도 고도가 명확히 누구인지 모른다고 할 정도이다. 이 극에서 고도를 기다리는 이들은 단어와 문장을 사용하여 대화를 주고받지만 소통되지 않으며, 단절이 연속된다. 파편화된 개인성과 공통의 유대감 단절을 상징한다. 어쩌면 우리가 기다리고 얘기하는 공동체도 고도처럼 서로 통하지 않는 것일 수 있다.

그런데 매킨타이어가 기다리는 실체는 매우 구체적이다. 그는 성 베네딕토를 기다린다고 했다. 성 베네딕토는 서방에서 가장 유명한 수도회인 베네딕토 수도회의 창시자 누르시아의 베네딕토이다. 아무도 본 적 없는 고도를 기다리며 부조리한 세상을 버텨 가는 근대 이후의 세계에서, 매킨타이어는 베네딕토를 기다린다고 한다. 도대체 그가 기다리는 베네딕토는 무엇 혹은 누구를 말할까? 이 책에서는 그 얘기를 자세하게 설명하고 있지 않으나, 나중에 다른 글에서 베네딕토를 언급한 이유를 구체적으로 기술하였다. 그는, 베네딕토가 의도하지 않았으나 당대에 존재하지 않던 새로운 사회를 만들었다는 데 주목한다.

베네딕토의 공동체는 생계를 유지하기 위해 일을 하는 수도사들로 구성되어 있다. 그들은 농사짓거나 제작하여 얻은 생산물을, 인근 마을에서 그들에게 필요한 다른 것과 물물교환했다. 결정적으로 그들은 결혼하지 않기 때문에 세대를 넘어 존속할 수 없다. 그들의 존속은 오롯하게 주변에 있는 사회 공동체와의 공생 속에서만 가능하다. 인근 사회 공동체에서 수도사 후보생들이 찾아오고, 수도회에서는 그들을 위탁받아 교육했다. 시간이 지나면서 수도회는 교육과 전례 등을 수행하는 핵심 공동체가 된다. 베네딕토의 수도회는 중세의 봉건 질서로부터 상당히 독립된 지역 공동체, 교육 공동체를 만들었다. 그런 공동체를 한마디로 표현하자면, 세상 속에 있지만 세상을 초월한 공동체라고 하겠다.

매킨타이어는 이 공동체가 사회에서 스스로 고립된 공동체가 아니라는 점에 주목했다. 그들은 '진화한 새로운 사회 제도'를 창조했다. 그가 새로운 성 베네딕토의 필요성을 언급하며 의도한 것은, 사회로부터 물러나는 도피가 아니라 새로운 사회질서를 만드는 데 적극적인 참여가 필요하다는 것이었다. 개인은 유기체인 사회의 일부로서 스스로에 대한 깊은 인식과 고민을 전제한다. 그런 점에서 매킨타이어의 공동체주의는 사회가 생명을 지닌 유기체처럼 서로 이어져 있음을 토대로 한다. 그것이 전제된다면, 현대 사회를 점령한 문제의 해답은 그 사회에서 빠져나오는 것이 아니라 새로운 도덕과 윤리 기반의 사회질서를 형성하는 데 적극적으로 참여하는 것이다. 여전히 속해 있으면서도 그 안에 매몰되지 않는 새로운 제도를 창조하는 힘, 그것이 그가 기다리는 베네딕토이다.

여기에서 베네딕토 수도회가 상징하는 바는 현실 세계에서 과거의 베네딕토의 가르침을 구현하자는 것이 아니다. 그들이 그랬던 것처럼 우리가 현실에서 마주하는 실존적인 고민에 전향적인 답을 추구해 가자는 다짐이다. 냉소와 비난, 절망을 넘어서 그 길을 걸어가자는 격려이다. 그가 제시한 대안은 우리가 서로 연결되어 있다는 인식이 있을 때에만 가능하다.

베네딕토 수도회는 삶과 신앙의 덕을 훈련하는 장소를 의미하기도 한다. 영어로 '수도사'는 혼자 있다는 의미에서 나온 단어인 멍크monk이다. 기독교 초기에 수도사들은 사막에서 홀로 기거하며 영성을 키웠다. 그러다 이에 대한 반성의 목소리가 생겨났다. 예수님은 제자들이 홀로 떨어져 자기완성을 추구하는 영적인 엘리트가 되도록 가르치지 않으셨기 때문이다. 이런 질문이 던져졌다. "사막에 혼자 있을 때 누가 당신의 겸손함을 시험할 수 있겠는가? 예수님도 제자들의 발을 씻기며 자신의 겸손을 보이셨는데, 당신은 누구의 발을 씻기겠는가?" 이에 하나님 앞에 단독자로 살아가는 수도사들의 공동체인 수도회monastery가 세워졌다. 하나님 앞에서 각자 자신의 구원을 책임져야 할 인간도 서로를 격려할 공동체가 필요했다. 홀로 사는 사람들의 공동체. 모순적으로 보이는 이것은, 신앙은 개인적인 것인 동시에 공동체적인 것임을 보여 준다. 신앙이란 하나님과의 인격적인 관계일 뿐 아니라, 우리 이웃과 사회 공동체와의 인격적인 관계를 추구하는 행위이다. 그리고 공동체는 덕을 훈련하고 이웃에 대한 인격적 감수성을 키워 가는 학교이다.

누구도
섬이 아니다

"어느 누구도 섬이 아니다No man is an island"는 17세기 잉

글랜드 성직자이자 시인인 존 던이 쓴 시이다.

> 어느 누구도 홀로 온전한 섬이 아니다.
> 모든 사람은 대륙의 한 조각, 본토의 일부이다.
> 흙덩이가 바다에 씻겨 나가면, 유럽은 그만큼 줄어든다.
> 해안가 절벽이 씻겨 나가거나
> 그대의 친구나 그대의 영지가 그리되어도 마찬가지이다.
> 어떤 누구의 죽음이건 나를 작아지게 한다.
> 이는 내가 인류에 속해 있기 때문이다.
> 그러니 '누구를 위하여 종은 울리나' 알려고 사람을 보내지
> 말라.
> 종은 그대를 위하여 울린다.

시인 존 던이 살던 시기도 부조리한 시대였다. 잉글랜드는 종파 간의 갈등으로 오랜 내전을 겪었다. 죽이지 않으면 죽임을 당할 수밖에 없는 비정한 전쟁에서 적과 아군의 존재가 서로 연결되어 있다고 노래할 수 있을까? 비극적이라는 말 이외에는 적당한 표현이 없는 상황에서 존 던은 인간이 어떤 존재인지 그려 준다. 인간은 그 누구도 홀로 살 수 없는 존재이며, 인류 전체는 한 몸을 이루고 있는 존재라고 노래한다.

하물며 바닷가의 흙덩이가 떨어져 나가는 것도 바로 우리의 삶의 터전이 줄어드는 것이다. 우리가 차지한 땅은 누군

가가 상실한 땅이다. 그 땅이 씻겨 나간다면 그만큼 땅은 줄어든다. 우리와 아무런 인연이 없는 이의 죽음 역시도 무관하지 않다. 유명한 사람의 죽음이건 거리의 무명한 사람의 죽음이건 모든 죽음은 우리를 작아지게 한다.

거리의 사람이 떠나가면 교회에서 종을 쳐서 그 사실을 알렸다. 하지만 시인은 그 종소리가 누구의 죽음을 알리는지 묻지 말라고 한다. 바로 우리를 위해 울리는 종소리이기 때문이다. 우리는 서로 모두가 일부이고 연결되어 있다.

상실의 슬픔을 노래하는 듯하나, 시인은 우리가 서로 호흡으로, 생명으로 연결되어 있는 관계임을 일깨운다. 바다 너머에서 일어나는 일이 우리에게 영향을 준다. 심지어 만난 적도 교류한 적도 없는 이의 슬픔에 아파할 수 있는 것은 우리가 인류의 일부이기 때문이다. 왜 시인은 종은 죽은 자를 위하여 울리는 것이 아니라 바로 우리를 위하여 울리는 것이라고 했을까? 그 종은 아프고 상처 난 우리를 싸매고 서로의 존엄을 회복하도록 경성하기 위해 울리는 소리이기 때문이다.

그러니 그 종소리를 듣고 아픔을 느끼지 않는다면 그 소리는 들리지 않는 셈이다. 살아 있는 자는 종소리를 듣지만, 살았다고 하나 죽은 자는 그 소리를 듣지 못한다. 종소리를 듣고도 여전히 냉소와 경멸로 일관한다면 그들은 더 이상 산 자가 아니다. 가슴 아픈 상황을 보고도 아픔을 느끼지 못한다면 진정한 인간이라고 하기 어렵다. 종은 그런 자들을 위해서는 울리지 않는다.

시인이 노래하는바, 인간은 불완전하다. 홀로 살 수 있는 섬이 아니다. 파도가 떠밀면 훌쩍 떨어져 나갈 수밖에 없다. 그러니 서로 어깨를 모으고 공감하며 연대해야 한다. 한 발짝 나아가기 위해 함께 파도를 마주하여 일어서야 한다. 이런 의미에서 종소리는 더 나은 세상을 꿈꾸며 연대하게 하는 출정식의 나팔이다.

그러기에 꿈꿀 수 없는 가운데 공동체를 소망하는 일은, 우리가 갈구하는 신앙의 뿌리에 대한 갈망이기도 하다. 본회퍼 목사도 그런 꿈을 꾼 사람이다. 나치 치하에서 많은 독일 교회가 히틀러를 지지했다. 본회퍼 목사는 교회의 상황을 비판하거나 절망하기보다, 그러한 현실 너머를 바라보며 교회 회복의 비전을 새로운 공동체에서 찾았다.

> 교회의 회복은, 옛 형태와 공통점이 없지만, 그리스도의 제자로서 산상수훈의 가르침에 따라 살아가는 타협 없는 새로운 유형의 수도회주의에서 나올 것입니다. 저는 이 일을 하기 위해 사람들을 모아야 한다고 생각합니다.
>
> 1935년 1월 14일, 본회퍼가 형 카를-프레데릭에게 보낸 편지 중에서

그는 교회 회복의 길을, 산상수훈의 가르침을 따라 타협 없이 살아가는 새로운 공동체에서 찾았다. 이 공동체는 그 시

대를 읽어 내고 그 시대의 대항 가치를 제시하는 공동체이다. 또한 공동체가 무엇을 하느냐 이전에 어떤 존재로 서느냐에 초점을 맞춘다. 오늘의 위기를 공동체성의 위기라고 진단한다면, 우리의 몫은 21세기의 시대 정신에 부합하는 베네딕토회를 만들어 가는 것이 아닐까.

조너선 윌슨은 매킨타이어와 본회퍼가 공유한 이 비전을 '신수도회주의'라고 명명하였다. 그는 신수도회주의의 특징을, 첫째로 우리 삶 전체를 그리스도의 주권 아래 두는 사람들의 모임으로서, 둘째로 신적 소명과 세속적 소명을 구별하지 않고 모든 영역에서 살고 일하는 '하나님의 온 백성'을 대상으로 하며, 셋째로 상호 권면과 바르게 함과 화해를 실천하는 소수 제자들의 즐거운 훈련의 장소이며, 마지막으로 깊은 신학적 성찰과 헌신으로 뒷받침되는 곳이어야 한다고 했다.

이제 성경으로 돌아가 보자. 히브리서 10장 24-25절은 말한다.

그리고 서로 마음을 써서 사랑과 선한 일을 하도록 격려합시다. 어떤 사람들의 습관처럼, 우리는 모이기를 그만하지 말고, 서로 격려하여 그날이 가까워 오는 것을 볼수록, 더욱 힘써 모입시다.

당시 그리스도인들이 박해를 받으면서 공동체에도 위기

가 찾아왔다. 불가항력적인 상황에서 히브리서 기자는 공동체가 어떠해야 하는지를 말한다. 그들의 공동체는 신앙 안에서 서로 격려하고 사랑과 선한 일을 하려고 힘쓰는 곳이다. 그러므로 할 수 있는 한 예수 그리스도가 오실 날까지 서로 격려하며 공동체를 가꾸어 가야 했다. 모이기를 힘쓰라는 것은, 사랑과 선한 일을 놓치지 않기 위한 내적 몸부림을 뜻한다.

공동체란 어떤 현실에서도, 또 누구라도 홀로 설 수 없다는 연약함을 인정하는 데서 출발한다. 교회 공동체는 그리스도를 머리로 한 형제자매가 함께하는 공간이다. 그리스도 앞에서 고독하게 서는 동시에, 형제자매가 연대하여 짐을 나눠지는 공간이다. 이 공동체를 이루는 핵심은 고독과 연대이다. 연약한 인간은 서로 격려할 때 연대하여 서로 든든히 설 수 있기 때문이다. 개인은 연약하지만, 공동체로 모일 때 흔들림 없이 견고해질 수 있다.

개인은 연약하므로 부서지기 쉽다. "사람이 온다는 건 실은 어마어마한 일"이라고 노래한 정현종 시인은 이내 "부서지기 쉬운, 그래서 부서지기도 했을 마음이 오는 것"이라고도 했다. 공동체를 이루는 데에는 우리의 과거, 현재 그리고 미래만이 아니라, 부서지기 쉬운 우리의 마음마저 더해진다. 공동체와 도덕적 기준을 강조하면 자칫 벽을 만들기 쉽다. 그래서 시인은 부서지기 쉬운, 부서지기도 했을 마음들이 모인 공동체에서 우리가 열심히 흉내 낼 덕목을 '환대'라고 정의했다. 서로 격려하고 사랑과 선한 일에 힘쓴다는 말을, 환대의 덕을 실천하는 것으로 바꾸어 표현할 수도 있겠다.

우리의 공동체는 미미하고 거칠기 그지없다. 무슨 의미가 있을까, 무엇이 새로운가, 끊임없이 질문이 생기기도 한다. 그 안에서 파편화된 시대를 살아가며 부서지기 쉬운, 부서지기도 했을 그 마음들을 서로 다독이며 인격적인 교제 속에 너른 울타리를 만들어 가는 곳, 사랑과 선을 행하는 데 서로 격려하며 용기 내어 함께 한 걸음을 내딛는 곳, 그런 공동체를 만들어 가면 좋겠다.

성찬

타자를 위한 자기희생

기억한다는 것은 무엇일까? 성경에서 예수님이 기억하고 기념하라고 한 가장 중요한 사건은 성찬과 관련된다. 예수님은 잡히시기 전날 제자들과 함께한 마지막 식사에서, 떡과 포도주를 떼고 나누며 세상을 위해 찢기고 흘리신 그리스도의 살과 피를 기억하라고 하셨다. 그래서인지 사복음서 모두에 성찬 기록이 남아 있다. 그뿐만 아니라, 바울은 자신의 서신서에서 성찬에 대한 예수님의 말씀을 그대로 인용하고 있다.

성찬은 그리스도의 희생을 기억하게 함으로써 우리가 붙들어야 할 정체성과 우리가 향해야 할 지향점을 보여 준다. 기억은 개인에게 삶의 의미와 가치를 규정해 주며, 이것이 공공으로 확대될 때 공적 또는 집단 정체성의 역사를 만든다. 개인의 기억과 역사적 정체성은 분리될 수 없다. 누군가를 소개해야 할 때 혹은 만났을 때, 이름을 잊어버렸다면 그 경험은 일시적인 당혹감에 그치지만 기억이 전혀 없다면 어떻게 될까? 혹은 전혀 다른 방식으로 기억한다면 어떻게 될까? 기억의 상실은 단지 사실의 부재만이 아니다. 개인의 정체성, 가족, 친구, 그리고 삶의 의미 전체의 상실이다. 더불어 무엇을 기억하느냐는 우리가 지향하는 가치를 드러내 준다. 이것이 그리스도께서 기억하라고 하신 성찬의 의미를 다시 더듬어 보아야 하는 이유이다.

십자가 사건 후 부활·승천하신 예수님은 이 땅에서 더 이상 몸으로 함께하지는 않으신다. 그 대신 예수님은 성찬을 통해 이 땅을 위해 떼어 주신 살과 흘리신 피를 기억하도록 하기 위해 교회를 남겨 주셨다. 교회는 그리스도의 살과 피를 먹고 마시면서 그분의 삶과 가르침을 기억하고 실천하는 공동체이다. 개신교에서는 성찬을 1년에 몇 차례, 가끔씩 하는 거룩한 교회 의식이라고 여기지만, 그 안에서 좀 더 깊은 사회적 함의를 찾아볼 수 있다. 이 역시 교회가 추구하는 가치가 무엇인지와 연결되어 있다.

교회를 의미하는 단어가 여럿 있는데, 그중에서 '에클레시아'는 초기 교회를 나타내는 표현으로 자주 쓰였다. 에클레시아는 흔히 '민회'라고 번역되는 말로, 그리스의 민주정을 실천하는 시민들의 모임을 의미한다. 아테네 시민 총회인 민회는 모든 사람이 주체가 되어 자기 공동체의 운명을 결정했다. 에클레시아라는 말은 교회를 건물이나 장소가 아니라 자유시민들이 모여 공동체의 운영을 자발적으로 결정하고 실천하는 모임으로 인식한 데서 온 것이다. 이름은 같으나 아테네의 에클레시아와 그리스도인의 에클레시아는 분명한 차이가 있다. 아테네의 에클레시아는 남자 자유민만이 참여하는 것이지만 그리스도인의 에클레시아는 남자와 여자, 자유민과 종, 유대인과 이방인이 차별 없이 참여하는 공동체이다. 교회는 그리스도 안에서 자유를 얻은 자유민의 총회이다.

에클레시아는 황제나 군주가 이끄는 공동체가 아니라, 모든 사람이 동등하게 참여하여 주체적으로 끌어가는 공동체이다. 그 점에서 '마주 봄'이라는 단어는 교회를 묘사하는 데 매우 중요하다. 마주 봄은 상호 평등한 공동체를 상징하며, 마주 보고 절한다는 것은 서로의 존재를 있는 그대로 존중한다는 선언이다. 교회는 그리스도의 은총을 통해 하나님과 마주하는 공간이며, 성도끼리 서로 마주 보고 어른과 아이가 같은

성찬 — 타자를 위한 자기희생

눈높이로 마주 보는 공간이다. 마주 본다는 것은 서로의 다름을 이해하고, 수용하고, 있는 그대로 인정하며, 때로 그로 인한 불편을 기꺼이 감수하는 자세를 의미한다. 마주 봄은 있는 그대로를 직면하는 행위로서 외면하지 않는 용기가 필요하다.

어떤 이들은 교회가 무슨 민주주의냐고 하겠지만, 교회를 에클레시아라 불렀다는 것은 실제 민주적 시민의식의 가치위에 교회가 세워져 왔음을 보여 준다. 민주주의는 마주 봄이다. 민주주의의 산실이라고 하는 영국 의회의 의자는, 여당과 야당 의원들이 서로 마주 보고 앉아 자신들의 주장을 나눌 수 있게 배치되어 있다. 의사 결정이 느리고 자칫 무모해 보일 수도 있는 방법이지만, 다수의 목소리로 끌고 가기보다 서로의 목소리를 끝까지 경청하겠다는 취지의 실천이다.

에클레시아의 전통 위에 세워진 교회가 민주주의를 상실한 역사적 사건이 하나 있다. 흔히 로마의 성 베드로 대성당을, 서방 로마 가톨릭을 상징하는 교회라고 한다. 그런데 그보다 천 년 전에 제국 교회를 상징하는 아야 소피아 대성당이 콘스탄티노플에 세워졌다. 기독교를 공인하고 콘스탄티노플로 천도한 콘스탄티누스 황제의 아들이 360년에 세운 이 성당은 '니카의 반란' 때에 잿더미가 되었다. 니카의 반란은 민주정의 뿌리를 지닌 청색당과 녹색당이라는 두 당이 전제적인 황제에게 대항하여 일으킨 반란이다. 유스티니아누스 황제는 반란을 진압한 후 그를 기념하기 위하여 유례없이 빠른 시간에 엄청난 규모의 대성당을 지었다. 그는 성당을 완공한 후 "솔로몬이여, 내가 그대를 이겼노라"라고 호기롭게 말했다고 한다. 기독교 역사의 화려한 유산임을 부인할 수 없는 이 건물은, 교회가 더 이상 민주적으로 운영되지 않고, 제국의 황제에게 종속되어 황제교황주의라고 불리는 암울한 역사가 시작되었음을 상징한다. 민의의 전당이어야 할 교회가 민주정이 아니라 전제정에 종속되면서, 교회의 성직자들도 복잡한 계층과 계급을 갖는 특권층이 되었다. 그 결과, 교회는 서로 마주 보고 절하는 공동체로서의 정체성을 잃어버렸다.

이제는 교회의 민주주의 전통을 한 번 더 생각해야 하지 않을까. 목회자와 신학 훈련생과 평신도들이 서로 동등하게 마주 보고 절하는 교회 말이다. 서로 사회적·교회적 직책이 아닌 이름을 부르는 일은, 이런 마주 봄의 전통을 회복하려는 작은 시도가 될 수 있을 것이다.

스며듦

마주 보는 교회는 어떻게 세워 갈 수 있을까? 교회가 건물이 아니라 서로의 마음을 나누고 합하는 공동체라고 정의한다면, 교회가 지향하는 구조도 달라지게 된다. 교회는 쌓아 올리는 것이 아니라 스며드는 것이다. '교회를 이루어 간다'라는 말은, 보기에 따라서 '목회란 무엇인가?'라는 질문과 맥을 같이한다. 우리 공동체에는 전통 교회에서 볼 수 있는 전형적인 구조와 조직이 없다. 앞으로 어떻게 될지는 모르지만, 적어도 현재로서는 그렇다. 그렇기 때문에 같은 공동체 안에서도 교회를 만들어 간다는 것에 대해 고민하고 생각하는 지점이 각자 다를 수밖에 없다.

또한 이렇게 다르고 불안정한 사람들의 모임에 자신의 한 곁을 내주고 들어오는 일도 그리 쉽지 않다. 교회란 잘 짜인 조직 체계 속에 들어와 자신에게 주어진 역할을 하는 곳이 아니다. 그렇다면 목회 역시도 일방적 돌봄과 양육이 아니라 서로 돌아봄으로 관계를 맺는 일이다. 전형적인 시각에서 볼 때, 모두가 동등하게 마주 보는 교회는 질서가 없고 책임 소재도 분명하지 않아 한마디로 중구난방으로 보일 수 있다. 답답하다고 여길 수도 있다.

하지만 시간이 흐를수록, 목회란 어떠한 체제 속에 들어가 운영하는 방법을 배우는 것이 아니라 사람과 사람 사이를 보이지 않게 연결하는 예술이라는 생각이 든다. 조직을 정비하는 것 이상의 스며듦, 교회의 일꾼이 아니라 공동체의 동역자로서 함께해 주는 것, 온도가 다른 사람들을 서로 연결하여 온기가 유지되게 하는 보이지 않는 작업이 진짜 목회일지 모른다. 나는 그것을 '스며듦'이라는 단어로 표현한다.

우리는 제각각 생각과 신앙 색깔이 다르기에, 스스로를

나누고 내어 줄 때 서로 스며들 수 있다. 목회란 설교나 가르침이라기보다 넉넉하게 곁에 있어 주는 것이다. 사람의 온기를 믿고 함께 견뎌 주는 것이다. 이런 보이지 않는 스며듦을 경험할 때 우리 개개인은 교회와 좀 더 친밀하게 연결된다. 그런 경험은 하룻밤 예기치 않은 캠핑에서 올 수도 있고, 도란도란 나누는 사소한 일상의 대화에서 비롯될 수도 있다. 스며듦은 티 나지 않는다. 자신을 열고 이질적인 데 적응하려는 내적인 긴장과 부담도 드러나지 않을 수 있다. 그렇기에 자칫 사소하다고 여겨 소홀히 할 수 있지만, 스며듦은 교회를 만들어 가는 데 소중한 재료가 된다.

결국 목회를 하는 것, 교회를 세워 가는 것은, 조직을 정비하고 누군가를 교회에 정착시키거나 교회 운영을 배우는 게 아니라 사람에 대한 이해와 공감을 높이는 과정이다. 목회는 가르치고 교육하는 것이 아니다. 스스로 낮아져 스며드는 연습이다. 최후의 만찬 전에 예수님은 직접 제자들의 발을 씻기면서 스며드는 삶이 무엇인지에 대한 모범을 보이고 나서 예수님이 하신 대로 서로의 발을 씻기라고 제자들에게 말씀하셨다. 스며듦은 수평적이고 상호적이다.

교회를 그리스도의 몸이라고 한다면, 성찬은 그리스도의 살과 피인 교회의 본질을 다시 기억하게 하는 행위이다. 교회의 본질은 그리스도의 살과 피를 나누는 공동체라는 것이다. 사도 바울이 고린도 교회에 보내는 서신에서 왜 성찬을 언급했는지 이유와 의미를 먼저 짚어 볼 필요가 있겠다.

사도 바울의 서신은 로마서나 갈라디아서같이 교리를 다룬 것도 있고, 디모데서와 같이 목회적 목적으로 보낸 것도 있다. 그가 고린도 교회에 보낸 편지는 고린도 교회가 안고 있는 여러 문제를 해결하는 데 도움을 주기 위해 쓴 것으로 알려져 있다. 그래서인지 우리에게 고린도 교회는 문제가 많은 교회의 전형으로 각인되어 있다. 고린도 교회는 번성한 도시에 세워진 교회였다. 도시의 문화가 교회 안으로 들어오고 복음의 갈등이 일어난 것은, 어쩌면 너무나 당연한 일이다. 바울은 이 편지에서 성윤리, 도덕윤리, 이방 문명이나 종교와의 갈등, 사람 사는 곳이라면 어디에나 있게 마련인 파벌 문제 등을 이야기한다. 그러니 고린도 교회를 문제 많은 교회라고 단정 짓기보다는, 실제로는 낯설고 다른 사람들이 만나 공동체를 이루는 과정에서 반드시 부딪치고 풀어 나가야 할 문제의 전형을 보여 주는 교회라고 하는 게 더 타당해 보인다.

'고린도 교회'라는 구체적인 교회 맥락에서 성찬을 어떻게 적용할 수 있을까? 빵과 잔을 나눈다는 것은 예배 의식 중의 하나를 넘어서는, 함께 살아가는 사회 공동체 내에서 치러지는 구체적인 행위이다. 고린도전서 11장 21절에 보면, 어떤 사람은 배가 고프고 어떤 사람은 너무 마셔 술에 취한다. 빵과 잔은 곧 먹고사는 문제, 경제 상황과 연결된 사회적 문제이다. 고린도 교회는 부자와 가난한 자가 한 교회에 공존하면서, 부자들이 자신의 부요함을 행세하는 바람에 가난한 자들이 부끄러움을 당하는 상황에 처했다. 이 차이는 먹고 마시는 식탁 공동체에서도 두드러졌다. 경제적으로 여유가 없어 몸이 약해지고 병들고, 심지어 그로 인해 죽은 사람도 적지 않았지만, 부요한 사람들은 아랑곳하지 않았다. 그런 사람들에게 예수님의 빵과 잔을 먹고 마신다는 것은 그저 종교적 의례일 뿐이었다.

예수님이 '빵과 잔을 먹고 마실 때마다 나를 기억하여라' 하신 것은, 그저 우리 죄를 위한 대속의 죽음을 개인적으로 기억하고 감사하라고 하신 말씀이 아니다. 떡을 떼는 행위는, 타자를 향한 예수님의 자기 부정과 희생을 상징한다. 몸을 뗀다는 것은 자기를 희생해 타자를 향하는 것이다. 생명의 떡을 떼는 것은 고통의 분담이다. 기독교는 자기부인과 자기 십자가를 지는 삶을 통해 타자와 약자를 포용하는 것이다.

그러므로 고린도 교회라는 도시 속 공동체에서 빵과 잔을 떼고 나누는 것은, 함께하는 사회적 약자, 이웃과 어떻게 먹고 마실 것인가 하는 실질적인 고민이다. 성찬을 나누는 것은 그 고통과 아픔도 함께하며 같이 살아 내겠다는 의지이며, 성찬의 본질은 타자를 위한 삶의 실천이다. 기독교는 그렇게 자기를 부정하여 타자를 포용한다.

우리끼리 행복하고, 우리끼리 은혜롭고, 우리끼리 감사하는 데 머물러 있다면, 그리스도의 살과 피를 나누려는 의도를 제대로 파악하지 못한 것이다. 우리는 성찬의 사회적 의미에 한 걸음 더 다가서야 한다. 그리스도의 살과 피로 맺어진 언약 공동체에 속해 있는 사람이라면 개인의 편함에만 머물러서는 안 된다. 불편함을 감수하고 타자와 이웃을 향하는 삶을 살아 내는 것이, 26절에서 바울이 말한 '빵을 먹고 잔을 마실 때마다 주님의 죽으심을 선포하는 것'이다. 우리는 빵을 먹고 잔을 마실 때 자신을 비워 타자를 향하신 그리스도를 기억하고 실천해야 한다.

교회는 그리스도의 몸의 품을 늘리는 공동체이다. 우리가 늘려야 할 몸의 품은 공동체의 숫자가 아니라 공동체 너머의 세계이다. 우리는 누구도 섬이 아니다. 교회도 이 사회 속의 섬이 아니다. 교회와 그리스도인 모두 이 사회의 문제와 얽혀 있는 공동의 운명체이다. 그래서 사도 바울은 28절에서 자기를 살핀 후에 빵을 먹고 잔을 마시라 한다. 몸을 분별하여 먹고 마시라고 한다. 29절에서 몸을 분별한다는 말은, 그렇게 약한 사람, 병든 사람, 죽은 사람들에 대한 감수성을 갖춰야 한다는 말이다. 세상에 대한 사회적 감수성을 놓친 교회는 주님의 살과 피가 아니라 자기에게 내릴 심판을 먹고 마시는 것이다.

고린도전서 11장은 성찬을, 단순히 그리스도와의 관계 속에서 이해하지 말고 이웃과의 관계 속에서 접근해야 함을 말하고 있다. 성찬의 빵은 그리스도의 희생을 기억하고 감사하는 행위이면서, 동시에 우리에게 그리스도의 희생에 동참하는 삶을 살라는 촉구이기도 하다. 성찬의 빵을 떼는 것은 내어 줌과 나눔이다. 그리스도께서 자기를 내어 주심을 기념하는 것은 타자를 위한 삶의 실천이다. 세상을 돌아보지 않는 성찬은 그저 자기만족일 뿐이다. 성찬의 의미가 내 구원의 은혜를 기억하고 감격하는 데 그친다면, 우리도 세상과 함께 정죄를 받게 된다고 바울은 경고한다. 주님의 살과 피를 기억하는 삶은 우리가 그 죽음, 희생, 나눔, 떼어 줌을 실천하는 공동체, 타자를 위한 공동체를 지향하겠다는 결단이다. 그렇게 우리는 서로를 섬기고 사회 속에 스며드는 공동체가 되어야 한다. 성찬 의식이 아닌 우리의 삶을 통해서 말이다.

그리스도의 살과 피를 다시금 기억하는 것은, 우리가 걸어온 길을 성찰하고 앞으로 걸어갈 길을 새롭게 다짐하는 자리에 서는 행위이다. 성찬의 사회적 의미를 좀 더 고민하고, 그를 위해 기꺼이 불편을 감수하는 길을 걸을 수 있으면 좋겠다. 그 움직임이 느리더라도, 교회 밖을 향하는 일을 할 때는 부지런할 수 있다면 더할 나위가 없겠다. 우리가 나누는 성찬

성찬 — 타자를 위한 자기희생

이, 우리만 행복하고 감사한 교회를 넘어 '세상을 향해 자기 몸을 내어 주신' 그리스도처럼 사회의 고통에 함께 아파하고 기꺼이 불편함을 감수하며 동참하는 공동체를 향한 결단이 되었으면 한다. 느리지만 어깨를 같이하고 사회와 호흡하며 한 발 한 발 걸음을 내딛는 교회에서 희망을 노래할 수 있다.

성찬은 초기 기독교의 전례 중에서 로마 제국으로부터 많은 오해를 받은 의식이다. 그리스도인들이 사람의 살과 피를 먹고 마신다는 말이 퍼졌기 때문이다. 실제로 고대 종교에는 이와 비슷한 끔찍한 종교적 관행이 있었다. 대부분의 종교에서 신의 진노를 누그러뜨리려고 사람을 희생제물로 바쳤다. 그러나 기독교에서는 신이 몸소 인간이 되어 희생제사를 드렸다. 그 어떤 것으로도 대체할 수 없는 하나님의 아들이 제물이 되었다. 기독교는 출발 자체가 하나님의 아들 그리스도의 자기 비움, 희생과 나눔이었다.

성찬은 그것을 다시금 다짐하는 자리이다. 영국의 문명사가 아놀드 토인비는 고등 종교의 가치를 '자기중심성self-centeredness과 자기 본위egocentricity를 넘어서는 것'이라고 했다. 그는 제국의 확장기에 태어나 1, 2차 세계대전을 겪으면서 유럽 문명 세계의 암울함을 한껏 경험했지만, 그럼에도 종교에 대한 희망을 놓지 않았다. 원천적으로 자기 본위일 수밖에 없는 인간이 자기를 넘어 타자를 기억하고 그들을 위해 기꺼이 희생하는 숭고미에 종교의 가치가 있다. 만약 인간의 이기적 욕망과 자기중심성을 정당화하고 고양하는 데 종교가 활용된다면, 그 종교는 더 이상 인류에 기여하는 종교일 수 없다.

약자들을 위한 존재임을 보여 주어야 할 교회가, 갈수록 가진 자들의 비위를 맞추는 데 몰두하는 듯 보인다. 예컨대, 한국의 차별금지법 제정 요구는 늘 국회 앞에 멈추어 한 걸음도 나아가지 못하고 있다. 목청 높여 법 제정을 반대하는 기독교계의 눈치를 보느라 머뭇거리는 것이다. 교회를 지키고 신학을 지키고 신앙을 지키려는 순수한 마음 때문이라고 치자. 기독교에 가해지는 모진 사회적 냉대를 경험하다 보니 더 그럴 수밖에 없는 것처럼 보이기도 한다.

하지만 오늘 기독교가 맞이한 위기의 근원은 무엇인가? 자기중심성을 넘어서는 타자 지향성이라는 고등 종교의 가치를 잃었기 때문이다. 남을 배려하고 이해하려 한 걸음 다가가기보다, 도그마와 종교의 이름 뒤에 숨어 자기중심성의 안락함을 즐기려 했기 때문이다. 이것이 위기의 핵심이다. 씁쓸하지만, 토인비가 자기중심성을 극복할 종교로 한껏 기대한 것은 다름 아닌 불교였다. 20세기를 살아가며 그가 경험한 유럽 기독교가 자기중심성에 갇혀 있음을 보았기 때문이다.

기독교는 '자기 비움'으로 시작되었다. 그리스도는 자기를 비워 이 땅에 누울 곳 없는 가난한 아기의 모습으로 오셨다. 그 비움과 나눔을 상징적으로 구현하는 자리가 성찬의 자리이다. 우리는 왜 성찬을 하는가? 만약 이와 같은 비움과 나눔의 결단이 전제되지 않는다면, 성찬은 감성을 자극하는 종교 행위 그 이상도 이하도 아니다.

성찬,
제물 아닌 자비의 도구

마태복음 12장 7절에 하나님께서 "나는 자비를 원하고, 제사를 원하지 않는다"라고 말씀하신 내용이 나온다. 중세 가톨릭의 미사에는 제사 요소가 강조되어 있었다. 종교개혁가 마르틴 루터는 미사의 제사적 요소가 본래의 뜻에 어긋난다고 비판했다. 제사는 희생제물을 드려 신의 만족을 추구하는 의식이다. 그런데 하나님은 그런 제사가 더 이상 필요하지 않다고 하신다. 성찬식의 빵과 포도주는 하나님을 만족시켜야 하는 희생제물이 아니라 자비의 도구여야 한다. 이웃을 향한 것이란 말이다. 그렇기에 자비를 실천하지 않는다면 어떠한 종교적 의례도 제사에 머물 뿐이다.

그리스도는 이 땅의 가난한 자, 포로 된 자, 눈먼 자, 눌린 자에게 자유를 주고 그들을 위해 자신의 몸을 내어 주려 오셨다. 예배나 성찬이 제사처럼 하나의 의식에 머문다면, 어디서 어떻게 하든 하나님이 원하시는 것이 될 수 없다. 하나님은 하나님을 위하여 희생하기보다 타자를 위하여 희생하는 교회를 찾으시기 때문이다. 이것을 인지한 역사 속 교회는, 때로 설교단을, 때로 성찬을 위한 제단을 교회 문 바깥에 설치했다. 그렇게 길거리 예배와 길거리 미사가 드려졌다. 물론 제도 교회는 신학적 이유로든 정치적 이유로든 그것을 달가워하지 않았다. 그러나 교회가 주변을 위해 기꺼이 문을 열었을 때 그리스도의 살과 피를 먹고 마신 자들이 새 생명을 얻었다. 타자를 위한 자기희생, 그것을 기억하고 실천하는 것이 교회이다. 성찬은 개인의 종교적 체험에서 비롯되는 것이지만, 거기에 그치지 않고 사회적 기억과 집단의 정체성이 되도록 한 걸음 밖으로 내딛는 것이 성찬을 올바르게 기념하는 일이다.

구원

불가항력의 은총

최근 어디에선가 그런 얘기를 들었다. 십수 년 전만 하더라도 외국의 학자들은 한국의 교회가 어떻게 그렇게 빠르게 성장하였는지를 연구했는데, 최근에는 이렇게 급속하게 몰락하는 것을 보고 놀라며 그 이유가 무엇인지를 연구한다고. 이러한 만만치 않은 조건과 상황 속에서 우리는 교회 공동체를 세워 가는 꿈을 꾸고, 마음과 물질을 드리며 그 고단한 걸음을 걸어가고 있다. 교회란 무엇이며, 우리에게 무엇이어야 할까?

우리는 사도행전을 '교회행전'이라고 표현하기도 한다. 사도들을 통해 소아시아와 그 너머의 지역으로 교회가 확산되는 여러 과정이 도드라지게 나타나기 때문에 그런 것 같다. 그 중에서도 사도행전 27장이 교회란 무엇인지를 상징적으로 보여 주는 것이 아닐까 하는, 다소 뜬금없는 생각이 들었다.

사도행전 27장은 바울이 체포되어 로마로 압송되는 배 안에서 폭풍우를 만난 사건을 기록하고 있다. 폭풍우는 인간이 통제할 수 없는 자연재해이다. 흔히들 인간의 통제 범위를 넘어서는 사건이나 사고를 불가항력이라고 표현한다. '불가항력'의 사전적 의미를 찾아보면, 가장 먼저 'force majeure'가 나온다. 낯선 용어이지만 사업하는 이들은 분명 들어 보았을 단어이다. 이 단어는 계약서에서 '불가항력 조항'을 나타내는 법률 용어이다.

불가항력 상황이란 지진, 폭풍, 홍수, 눈사태, 전염병 등과 같은 자연재해나 전쟁, 혁명, 폭동, 정부 조치 등과 같은 인위적인 사건으로 인해 계약 의무를 수행할 수 없는 상황을 말한다. 이런 상황일 때에는 계약 조건 위반에서 책임이 면해진다.

불가항력의
충동

불가항력의 두 번째 사전적 의미는 '거부할 수 없는 충동 irresistible compulsion이나 강력한 힘'이다. 첫 번째 의미가 전염병, 폭풍 같은 인간의 통제를 넘어서는 외부의 힘에 의한 것이라면, 두 번째 의미는 바로 인간 내부에서 생성되는 주체할 수 없는 충동이나 욕망을 말한다. 폭풍우와 같은 불가항력 상황은 때로 우리 내면에 자리 잡은 불가항력적인 본성을 충동질한다.

2014년에 개봉된 〈포스 마주어Force majeure〉라는 제목의 스웨덴 영화가 있다. 어린 두 자녀를 둔 토머스와 에바 부부가 알프스의 고급 리조트로 스키 여행을 떠난다. 여행 첫날, 저 멀리 눈 덮인 알프스가 보이는 레스토랑 야외 발코니에서 근사한 저녁 식사를 하던 중, 갑자기 눈사태가 일어난다. 멀리서 시작된 눈보라가 그들이 식사하는 자리까지 밀려오자 놀란 사람들이 자리를 박차고 도망치기 시작한다. 다행히 이 눈보라는 스키장에서 인공적으로 일으킨 것으로, 자연 발생한 눈사태는 아니었다. 그런데 이 상황에서 남편과 아빠를 부르는 아내와 아이들의 절규를 외면하고 토머스가 혼자 줄행랑을 쳤다는 데서 문제가 발생한다. 이런 상황에서 도망하는 자는 왜 항상 남자냐고 딴지를 걸고 싶지만 그냥 수긍이 간다. 눈보라가

잦아들고 평온이 찾아오자, 도망갔던 사람들이 식사 자리로 돌아온다. 하지만 이 자리는 이전과 같을 수 없었다. 가족들은 토머스에게 큰 실망감을 드러낸다.

그때부터 여행은 뒤죽박죽이 된다. 토머스는 자신의 실수 혹은 잘못을 인정하지 않았다. 그는 스키부츠를 신은 채 뛰어서 도망가는 것이 가능하겠냐며 그 상황 자체를 부정한다. 가족들이 계속해서 추궁하자, 이제는 상황을 바라보는 서로의 관점이 다르다면서 발뺌한다. 그러자 아내 에바는 남편이 절대 부정할 수 없는, 빼도 박도 못할 증거를 보여 준다. 저녁 식사 때 토머스가 자신의 휴대폰 카메라로 식사 장면을 찍고 있었던 것이다. 그들이 돌려 본 동영상에는, 발코니에 눈보라가 불어닥치자 토머스는 장갑과 아이폰을 챙겨 혼자 등을 돌리고 도망가고 에바가 두 자녀를 감싸 안아 챙기는 모습이 고스란히 찍혀 있었다.

가족들은 토머스가 도망쳤던 것 못지않게, 그 상황을 부인하고 변명하는 행동에 마음이 상했다. 비로소 심각성을 인식한 토머스는 이 상황을 모면하고자 숙소 앞에서 자신의 잘못을 고백하며 오열했다. 그러나 에바는 남편의 행동이 순간을 모면하려는 수작임을 알고 더욱 실망하여, 비난의 수위를 높여 갔다. 그러자 토머스는 이런 에바 앞에서 자신도 자신의 어쩔 수 없는 본능 때문에 피해를 본 피해자라고 항변한다. 부모의 다툼을 지켜보던 어린아이들은 아빠에 대한 실망감뿐 아니라 엄마의 분노가 가족 공동체를 무너뜨릴까 봐 큰 두려움을 느낀다. 물론 모든 가족 영화가 그렇듯 가족애를 확인하는 새로운 사건이 발생하고, 가족애를 회복하며 영화는 훈훈하게 마무리된다.

영화 제목 〈포스 마주어〉는 눈사태라는 불가항력이 모티브가 되어 또 다른 불가항력, 즉 본능적으로 터져 나오는 이기적 욕구와 절제하지 못하는 분노를 드러내고 있다. 우리가 겪는 불가항력의 상황은 우리 안에 숨겨진 욕망을 비추기 때문에 더 고통스럽다. 또 그 욕망에 저항할 능력이 우리 안에 없다는 현실이 슬프다. 어쩌면 그렇기 때문에 우리도 토머스처럼 그 현실을 발 빠르게 부정하고 변명하는지도 모르겠다. 아니면 에바처럼 그런 상황을 보며 걷잡을 수 없는 분노를 쏟아 놓는지도 모르겠다.

이다음에 남은 숙제는, 이런 깨진 관계와 감정들을 어떻게 회복할 것인가이다. 이 불가항력의 상황이 우리에게 전해 주는 것은 무엇일까? 공동체라는 관점에서 고민해 볼 수 있을 것 같다. 토머스가 혼자 도망친 것은 개인의 일탈이 아니라, 가족 공동체에 대한 배신이자 상처를 주는 행위였다. 에바 역시 가족 공동체에 대한 남편의 배신에 또 다른 파괴적인 분노로 대응하면서 가족 공동체의 안녕을 파괴했다.

우리가 좁게는 가족 공동체, 넓게는 교회 및 국가와 같은 공동체를 이루는 이유가 무엇일까? 홀로 우리의 의지와 능력

만으로 이 세상을 살아 낼 수 없기 때문이다. 사람은 누군가가 내어 주는 곁에서 어깨를 맞대고 서로 의지하면서 살아간다. 이 공동체 너머에는 우리가 통제할 수 없는 불가항력적인 상황이 늘 존재한다. '한배를 타고 있다'는 것은 '공동 운명체'를 뜻하는 수사적 표현이다. 공동체 전체에 영향을 주는 불가항력의 상황 앞에서는 그 구성원들이 개인이 아니라 '우리'라는 정체성으로 묶인다. 불가항력은 공동체에 대한 우리의 태도를 드러내는 충분한 계기가 된다. 그 속에서 더 이기적이거나 덜 이기적인, 혹은 이타적인 개인들이 등장한다. 서로 다른 다양한 인격이 모여 있고 다양한 반응이 드러나기 때문에 불가항력 앞에서는 공동체 상호 간에 긴장과 갈등이 증폭될 수밖에 없다.

공동 운명체

이제 사도행전 본문 행 27:20-44 으로 돌아가 보자. 사도 바울은 죄수의 몸으로 이탈리아 로마로 가는 배를 탔다. 그는 지금은 폭풍이 부는 시기로 항해하기에 적절하지 않다고 백부장에게 건의했지만, 백부장은 항해할 수 있다는 선장과 선주의 말을 듣고 항해 길에 올랐다. 그러나 바울의 예견대로 유라굴로

구원 — 불가항력의 은총

라고 하는 광풍이 크게 불어 배가 큰 위험에 빠졌다. 먹지 못하고 굶주린 날이 14일이 될 정도라고 하니, 이 폭풍우가 얼마나 오래 지속되었는지 알 수 있다. 또한 폭풍이 얼마나 심했던지, 구원의 여망마저 없다고 할 정도였다. 선장이건 선주이건 백부장이건 바울과 같은 죄수이건, 그들은 폭풍우 앞에서 한 배를 탄 공동 운명체였다.

그들이 폭풍우 안에서 고통받을 때, 하나님의 사자가 바울에게 나타나서 배를 보호해 주겠다고 약속하셨다. 그래서 바울은 배에 있는 사람들을 격려하며 안심시킨다. 그 배는 하나님의 특별한 보호하심이 있는 공간이었다. 27장 24절의 "하나님께서는 너와 함께 타고 가는 모든 사람의 안전을 너에게 맡겨 주셨다"라는 표현은 마치 요한복음 6장과 18장에서 예수님이 '내게 주신 사람을 하나도 잃지 않았다'라고 반복해서 하신 말씀을 연상시킨다. 이 배는, 구원의 여망마저 사라져 두려워하는 사람들에게 모두의 구원을 약속함으로써 그리스도의 약속의 공동체가 되었다.

그러나 한배를 탄 공동 운명체에서도 폭풍우를 헤쳐 나가려는 사람들 사이에 그 이해가 서로 달랐다. 오랜 경험을 통해 배가 폭풍우를 견딜 수 없으리라는 것을 직감적으로 안 선원들은 은밀하게 구명보트를 타고 배에서 탈출하려고 했다30절. 또, 마침내 기적적으로 폭풍우를 뚫고 뭍에 상륙하자 이번에는 군인들이 죄수들의 탈출을 막기 위해 그들을 죽이자고 했다. 이 상황에서 사도 바울은 이 풍랑 속에서 구원을 얻는 길에 대해 백부장과 군인들에게 일러 준다.

첫째는 '배에 함께 머무는 것'이다. 선원들이 배를 떠난다면, 남아 있는 사람들이 구원을 얻지 못할 것이라고 경고한다 31절. 이 배는 말 그대로 구원의 방주였다. 그래서인지 짧은 본문에 유독 공동체성을 강조하는 표현이 여럿 등장한다. 35절 "모든 사람", 36절 "사람들은 모두", 37절 "우리의 수는 모두", 44절 "이렇게 해서, 모두" 등이 그 예이다.

이는 무엇을 말해 줄까? 구원이란 특정 개인에게 임하는 것이 아니라 공동체에게 주어진다는 사실이다. 우리의 신앙에서 구원은 하나님과 나, 그리스도와 나의 관계 속에서 성취되는 개인적인 것이라는 믿음이 굳건하기에, 구원이 공동체에게 주어진다는 표현이 낯설게 느껴질 수 있다. 하지만 구약을 조금만 들여다봐도 구원과 심판이 개인에게 주어지기도 했지만 이스라엘 민족 전체를 향해 선포되기도 했음을 발견한다.

한 걸음 더 나아가면, 오늘 우리 신앙의 목적을 다시 생각해 볼 수 있다. 우리가 신앙생활을 하는 목적이 내가 이 땅에서 복받고 죽어서 천국에 가는 것이라면, 그 신앙 속에서 공동체성, 신앙의 공적 가치는 찾아볼 수 없다. 오늘의 기독교에서는 신앙이 개인적인 것으로 과도하게 환원되어, 각 개인이 드러내야 할 신앙의 공적 가치가 무시되는 경향이 강하다.

그렇다면 신앙의 공적 가치는 어디에서 가장 먼저 구현될 수 있을까? 우리가 함께하는 교회 공동체에서부터 시작되어야 한다. 공동체 의식, 시민의식, 이것이 분파 의식보다 우선해야 한다. 그리고 이런 인식은 교회의 위기를 극복해 나가는 첫걸음이 된다. 그리스도인은 바람직한 시민의식을 갖춘 좋은 시민이 되어야 한다. 하나님의 나라는 십자가가 세워진 교회 건물 안에서 구현되는 것이 아니라, 이 땅 가운데서 실현해야 하는 것이기 때문이다.

둘째는 '회복력resilience을 만드는 것'이다. 불가항력 상황이 그저 지나가기만 바라는 것이 해법은 아니다. 회복력 혹은 복원력restitution이란 기울어진 배가 뒤집히지 않고 평형을 되찾는 능력을 말한다. 양팔 저울이 기울어지면 중심에 있던 받침대를 이동시켜 균형을 유지하는 것이 회복력이다. 회복력이란 우리를 둘러싼 환경의 도전 속에서 균형을 잡기 위해 우리 개개인이 대응하는 방식이기도 하다.

사도 바울은 풍랑에 처한 배의 회복력을 높이기 위해 배의 책임을 맡고 있는 백부장에게 구체적인 지침을 제시한다. 가장 먼저, 그 누구도 두려움 속에서 도망하지 않고 모두가 풍랑 속에서도 잠잠히 평정심을 유지하도록 독려했다31절. 불가항력의 외부적인 폭풍이 우리 내부의 불가항력적인 두려움과 이기심의 본성을 끄집어내지 않도록 한 것이다.

그리고 바울은 오랜 풍랑에 시달리며 지칠 대로 지친 사람들에게 음식을 먹으라고 권했다34절. 희망을 잃으면 사람들은 곡기를 끊는다고 한다. 먹는다는 것은 생에 대한 희망을 부여잡는 행위이다. 바울의 이 권면에 사람들은 모두 안심하고 음식을 배부르게 받아먹었다35절.

그다음 복원력을 위한 조치로 밀을 바다에 던져 배를 가볍게 하도록 했다38절. 밀은 생존을 위한 중요한 수단이라는 점에서 상징성을 띤다. 우리 삶의 우선순위를 의미할 수도 있다. 먹는 것은 우리 생존에 가장 중요한 일이자 저항할 수 없는 충동이다. 그런데 그것을 바다에 던지라 한다. 구원의 요체는, 이 땅에 쌓아 두는 데 있지 않고 버리고 비우는 데 있음을 웅변한 것이다. 우리는 불안정하고 불확실한 현실 때문에, 끊임없이 무언가를 쌓아 두는 것이 구원의 방편이라고 생각한다. 하지만, 때때로 중요하다고 판단하고 쟁여 두었던 것을 버리는 선택이 구원의 길이 된다. 현대 사회 속에서 인간은 불필요한 것을 지나치게 쌓아 놓고 소비하느라 지구 생태계의 균형을 무너뜨렸다. 그 회복의 길은 담백하다. 끊임없이 우리의 본성을 충동질하는 소비주의와 자본주의의 요구를 끊어 내는 것이다.

불가항력이라는 당황스러운 상황에서 우리는 먼저 잠잠히 돌아봐야 한다. 그리고 균형을 회복하기 위해 바닥에 납작 엎드려 조심스레 중심축을 옮겨야 한다. 이 일에는 우리가 소유한 거추장스러운 것을 포기하고 버리는 행위가 수반된다.

본성과 이기심을 넘어 공동체의 안녕을 향해 중심을 이동할 때, 그것은 공동체의 구원을 향한 한 걸음이 될 수 있다. 이 중심 이동은 신념에 대한 타협이 아니라, 우리가 속한 공동체에 대한 섬김의 표현이다. 우리가 살고 있는 지구 공동체의 회복력을 위한 우리 세계관의 재고이며 가치관의 변화이다. 우리가 사는 이 땅이 영원히 독점하며 소비하는 공간이 아니라 더불어 살아야 할 공간임을 우리가 알 때, 나그네로서의 절제를 실천할 수 있다.

외적인 불가항력이 우리 안의 불가항력의 충동을 이끌어 내기도 하지만, 반대로 성찰하여 길을 바꾸게 하는 은혜로 작용하기도 한다. 그간 무겁게 쌓아 두었던 것들을 하나둘 비울 때, 상실의 아픔보다는 하늘을 향해 길을 가는 나그네의 삶을 실천할 수 있다.

셋째로 사도 바울이 가르쳐 준 회복력의 궁극은 '인간애의 구현'이다. 운명 공동체인 배에 함께 타고 있지만 백부장, 선원, 군인, 죄수들은 저마다 다른 이해관계를 가지고 있다. 처음에 선원들이 살길을 찾아 배를 버리려고 하면서 시작된 공동체의 긴장은, 배가 해안가 근처에 좌초하게 되면서 또다시 고조되었다. 죄수들이 헤엄을 쳐서 육지로 도망갈 것을 염려한 군인들은 죄수들을 죽이는 것이 좋겠다고 생각했다. 자신들의 임무 수행의 편의를 위해 사람들의 목숨을 가볍게 여긴 것이다. 이들 역시 자신의 구원을 위해 공동체를 무너뜨리는 일에 거리낌이 없었다.

불가항력의 고난이 개인들을 성숙하게 하리라는 전망은 진부한 기대일지도 모른다. 예기치 않은 상황에서 우리 속에 꼿꼿 싸매 두었던 이기적인 충동과 본성이 여과 없이 드러나 자기 자신은 물론 주변까지 당황스럽게 할 때가 오히려 많다. 공동체 내의 어느 구성원이건 위험 요소가 상존한다. 불가항력의 상황 앞에서는 모두가 자기 입장을 주장할 수도 있고, 생존 본능에 충실하게 행동할 수도 있다. 그러나 구원이 개인에게 주어지는 것이 아니라 공동체에게 주어지는 은총이라는 사실을 기억할 때, 비로소 자신만을 생각하는 저항할 수 없는 충동을 극복할 수 있다. 선원이건 군인이건, 극악한 죄를 지은 죄수이건 간에 차별 없이 은총이 임해야 함을 받아들일 때 타인에게 비로소 관대해진다.

우리는 선원의 마인드를 가지고 있을까, 군인의 마인드를 가지고 있을까? 아니면 바울이나 백부장의 태도로 공동체를 바라보고 있을까? 만약 군인들이 모의한 것처럼 자신들의 편의를 위해 죄수를 죽이는 상황이 연출되었다면, 이 이야기는 구원은커녕 불가항력 속에서 잔인한 인간의 본성이 빚어낸 참극으로 기억되었을 것이다. 타자를 향한 배려와 차별 없는 인간애를 실천하는 것이, 결국은 모든 상황 속에서 궁극적인 구원을 완성해 낸다.

풍랑 속에서 사도 바울의 지혜를 지켜본 백부장은 죄수

바울을 구하기 위해 군인들의 요구를 거부했다. 수영할 줄 아는 사람들은 헤엄쳐서, 그렇지 못한 사람들은 널조각 같은 부유물을 이용해 육지에 상륙하도록 했다. 그 결과, 한배에 타고 있던 공동체 구성원 276명 모두 안전하게 구조되었다44절.

거역할 수 없는
은총

불가항력의 은총이 함께하는 공동체가 되거나 불가항력의 본성이 지배하는 무자비한 공간이 되는 것은, 오롯하게 우리의 선택에 달려 있다. 공동체의 복원력을 위해 움직일 우리의 중심축을 고민하고 중심을 바꾸어 나가는 실천을 쌓아 간다면, 불가항력의 상황에서도 칼뱅이 말한 대로 전적으로 타락total depravity한 인간 공동체에 주어지는 거역할 수 없는 은총irresistible grace을 경험할 수 있을 것이다.

교회 공동체란 이런 예수님의 은혜 공동체이다. 우리가 저항할 수 없는, 불가항력적이고 일방적인 은총이 약속된 공간이기 때문이다. 코로나19 팬데믹을 거치면서, 우리는 꼭 교회라는 물리적 공동체를 통하지 않고도 신앙생활이 가능하다는 것을 경험했다. 이것은 신앙생활을 확장하는 좋은 경험이 되었지만 동시에 위기의 촉발점이 될 수도 있다. 우리가 온라인을 통해 좋은 설교를 듣고 신앙을 지켜 갈 수 있다지만, 자칫 그것이 신앙을 사사화하는 것으로 연결될 수 있으므로 이것이 바람직한지는 의문이다.

'내가 믿고 확신하기 때문에, 내가 응답받았기 때문에, 내가 은혜받았기 때문에'가 기준이 되는 건, 때로 그리 건전하지 못할 수 있다. 신앙생활이란 종교를 통해 자기완성을 추구하는 일이 아니다. 신앙생활은 홀로 하는 게 아니다. 하나님 앞에 단독자로 살아가는 수도사들도 서로 발을 씻길 공동체가 필요했기에 수도회를 만들지 않았는가. 신앙은 서로 발을 씻어 주는 공동체, 자기완성이 아닌 더 나은 사회를 만들어 나가는 마주하기, 곁을 내어 주기, 격려하기이다. 진정한 신앙 성숙은 서로 부대끼면서 형성되는 가치이기 때문이다.

우리에게 교회 공동체를 주시고 공동체를 세워 갈 수 있게 하신다는 건 우리만의 특별한 은총이다. 교회의 역할은 사사화하기 쉬운 신앙을 점검하고 검증하며, 나를 넘어서 타자를 중심으로 한 삶을 살도록 이끄는 것이다. 더불어 교회의 역할은 교회를 중심으로 사람을 모으는 데 있는 것이 아니라, 이렇게 모인 공동체가 사회라는 더 넓은 공동체와 유기적인 상호작용을 하도록 돕는 데 있다. 이 세상 속에서 교회와 그리스도인들은 우리와 그들이라는 이분법으로 존재하지 않는다. 모두 사회라는 공동 운명체의 구성원일 뿐이다. 그러므로 건전한 시민의식을 갖출 때 우리 자신에게만 집중하는 편협함을 넘어설 수 있다.

하나 더. 우리는 이민 교회가 종교 공동체이기보다 한인 커뮤니티라는 자조적인 얘기를 하곤 한다. 더불어 우리네 교회는 운영과 관리라는 시스템에 너무 익숙해 있다. 중형 교회는 중형 교회대로, 소형 교회는 소형 교회대로, 대형 교회는 대형 교회대로 그 시스템에 따라 움직인다. 서글프지만, 때로 목회자도 교회 기능인의 자리에 서 있는 듯 보인다. 그러나 그것이 교회의 전부는 아니다. 교회는 효율에 기대어 살아가는 공간이 아니다. 교회는 여전히 불가항력의 짐으로 고통받는 이들이 피난하고 숨 쉴 수 있는, 하나님이 마련하신 은총의 공간이다. 우리는 모두 삶과 죽음, 고통이라는 불가항력적 상황을 살아간다. 이를 이길 힘은 오직 불가항력의 은총이다. 그래서 교회는 그 누구라도 기댈 수 있는 공동체여야 한다. 가장 낮은 자도 내치지 않고 그에게 조심조심 다가가는 공간 말이다.

이를 위해 중요한 것은, 우리와 다르다고 해서 타자를 악마화하지 않는 것이다. 구원받을 자격이 없다고 죄수들을 죽이려고 했던 군인들의 도모는 우리도 쉽게 취할 수 있는 태도이다. 우리는 모두 타자들이다. 절대 타자인 예수님이 소외된 우리를 위해 오셨다. 이것이 우리의 기준을 내려놓고 환대의 공동체를 만들어 가야 할 이유이다. 자기 성장과 완성을 향한 욕구가 우리를 추동하도록 내버려 두지 말아야 한다. 서로의

발을 씻기고 세상의 발을 씻기는 가치를 우리의 우선순위에
둘 때, 우리는 불가항력의 폭풍우 속에서도 우리의 욕망과 이
기심을 따르지 않고, 스스로를 비우고, 중심을 이동하며, 타자
를 받아들이는 진정한 구원의 공동체를 만들어 갈 수 있다.

순결

책임, 포용, 기다림

교회는 교회가 속해 있는 사회와 구별되는 삶을 늘 강조한다. 교회의 표현대로 하자면 '거룩한 삶'이다. 거룩하다는 것은 세상의 가치와 문화, 사상을 따르지 않고, 성경과 예수 그리스도의 가르침을 따라 산다는 말이다. 교회에서는 그 어느 세상보다도 높은 수준의 윤리와 도덕에 대한 메시지가 전해진다.

실제로, 거룩하게 사는 것은 너무나 중요하다. 히브리서를 보면 모든 사람과 평화롭게 지내고, 거룩하게 살기를 힘쓰라고 강조한다. 그렇지 않으면 아무도 하나님을 볼 수 없다. 히브리서에서는 거룩하지 않은 삶은 하나님의 은혜에서 떨어져 나간 삶이라고 한다. 그러면서 거룩하게 살지 않는 삶의 예를 두 가지 든다. 하나는 음행이고, 다른 하나는 하나님의 장자권을 팔아넘긴 에서이다.

영어 성경을 기초로 보면 음행이란 성적으로 부도덕한 행위를 말한다. 하지만 성적 관계 외에 다양한 맥락에서 이야기될 수 있다. 에서는 육신의 욕망 때문에 인간으로서 지켜야 할 자존심과 가치를 포기했다. 이것은 그가 마땅히 수행했어야 할 장자권을 팔아넘긴 것으로, 거룩하지 않은 속된 행위 곧 음행으로 볼 수 있다.

교회의
거룩과 순결

거룩한 삶이란 윤리적·도덕적으로 흠결이 없는 삶을 의미한다. 동시에 하나님의 자녀라는 신분에 걸맞은 지조가 요구된다. 히브리서가 쓰인 초대교회 당시의 맥락에서 보자면, 성적으로 부도덕과 문란함이 가득했던 로마 제국의 문화와 다르게 교회는 신앙적 가치를 지키기 위해 금욕적인 생활을 강조했다. 그 기저에는 곧 다시 오실 예수님을 향한 기다림이 있었다. 성경은 그리스도인들을, 다시 오실 그리스도를 기다리는 신부라고 묘사한다. 즉, 예수 그리스도를 신랑으로, 그리스도인들을 신부로 보는 것이다. 이를 기반으로 신부인 그리스도인이 지켜야 할 가치들을 발전시켜 나갔다. 신부라는 비유가 조금 어색할 수 있지만, 그 의도하는 바에는 충분히 동의할 수 있다. 교회가 순결과 거룩에 대해 민감해야 함을 누구도 부정할 수 없다.

라틴 교부 테르툴리아누스는, 그리스도의 신부로서 인간은 태어나면서 얻게 되는 육신의 동정과 그리스도를 통해 얻게 되는 영적인 동정 모두를 지켜야 한다고 강조했다. 그러면서 결혼에 관해서 극단적으로 부정적인 태도를 보였다. 만약 육신의 아이를 잉태한 때에 그리스도가 다시 오신다면, 영원히 배부른 상태에 머무를 것이라고 했다.

결혼이나 성에 대한 터부는 자연스럽게 여성에 대한 부정적인 시각으로 이어졌다. 아담과 결혼한 여성 하와 때문에 이 땅에 죄가 들어왔으니 기혼 여성 하와는 이른바 '죄의 통로'였다. 그런 인간의 죄는 동정녀 마리아가 낳은 예수 그리스도로 인해 해결되었으므로, 미혼 여성은 '구원의 통로'가 되었다. 하와가 부정적으로 그려질수록 마리아를 통한 은혜는 더 극적으로 살아난다. 모순되게도, 교회가 순결을 강조하면 할수록 여성은 그 속에서 더 비하되었다. 초대교회가 막을 내릴 무렵에는 이런 가치관에 기반한 여성 혐오의 전통이 강하게 자리

잡았다.

교회가 그토록 지키고자 했던 순결과 금욕의 전통은 남성 가부장제를 강화했다. 여성은 교회에서 말도 하지 말아야 했고, 베일을 뒤집어쓰고 있는 게 미덕처럼 강조되었다. 그런데 곰곰이 따져 보면, 예수님 당시나 초대교회는 전혀 다른 모습을 보여 준다. 예수님이 활동할 당시 여성들의 역할은 선명했다. 예수님이 십자가에 달리실 때, 주님을 떠나지 않겠노라고 큰소리치던 남자 제자들이 다 도망가는 동안 그 곁을 지킨 이들은 여성이었다. 이 여성들은 예수님 부활의 첫 증인이 되었다. 사도행전에서 일어난 유럽 선교에서 최초의 개종자이자 교회를 설립한 인물은 루디아라는 여인이었다.

그랬던 교회가 순결성을 강조하면 할수록 여성들은 희생양이 되어 갔다. 순결성은 누구의 희생으로 얻어지는 것이 아니다. 그런데도 예수님 곁에서, 초대교회 공동체에서 뚜렷하게 보이던 여성이 사라졌다. 교회의 순결성은 대부분 여성의 목소리를 내리누르면서 진행되었다. 그렇다면 일방적으로 희생을 강제하는 과정을 통해서, 과연 교회의 순결이 회복되었을까?

과거의 교회가 순결을 강조했듯이 오늘날의 교회도 순결을 부르짖는다. 그러나 거룩과 순결의 가치가 제대로 작동하고 있는지는 의문이다. 순결을 말하지만, 결코 순결하지 못한 교회의 모습을 나는 마음 아프게 보고 있다. 종교인이 성폭력

범죄자의 직업군 상위에 있다는 뉴스는 새삼스럽지 않다. 2017년부터 2020년까지 4년간 성범죄로 입건된 전문직 종사자 중 의사가 가장 많았고, 그다음으로 예술인과 종교인이 비슷한 숫자를 차지했다. 4위는 교수였다. 2018년 경찰청에서 발표한 성범죄 통계에서는 1위가 종교인이었다.

어떻게 그럴 수 있는가 하는 당위적인 질문을 하기에 앞서, 너무 뻔하지만 공통적인 원인을 짚어 볼 수 있을 것 같다. 교회가 정결, 금욕, 순결을 부지런히 강조하며 외치지만, 목소리를 높이는 교회의 구조를 살펴보면, 이른바 권력의 비대칭성이 어느 집단보다 강하다. 성범죄가 잦은 직업군들의 공통점은 '지위를 이용한 범죄'를 저지를 만한 지위와 힘을 가지고 있다는 것이다.

그러기에 기독교가 지향해야 하는 순결의 문제, 정결한 그리스도의 신부가 되는 문제를 이야기하기 위해서는 전통적인 교회 구조의 비대칭성을 지적하지 않고는 어떤 해결의 실마리도 찾을 수 없다.

그 구조의 비대칭성은 먼저 신학적인 면에서 찾을 수 있다. 여전히 여성을 남성과 동등한 인격체로 바라보지 않고, 열등한 존재로 혹은 남성의 보조적인 역할을 하는 존재로 바라본다. 보수적인 교회일수록 더 그런 측면이 강하다. 이런 시각이 뚝 떨어져 여성을 바라보는 데에만 적용되지는 않을 것이다. 다른 인종이나 사회적 지위가 다른 사람들을 향해서도 그런 관점으로 보지 않겠는가. 이런 관점이 하나의 문화가 되면, 교회의 절반 이상을 차지하는 여성의 목소리는 효과적으로 지워진다.

예수님의 가르침에 비추어 보면, 이것은 일탈이다. 이런 현실을 도외시한 채 강조하는 거룩과 순결의 삶은 타인을 배제하고 차별하는 기제로 작동하기 쉽다. 우리는 교회에서 중요하게 생각해야 할 성 문제를 단순히 남녀의 성관계 문제로 환원해서, 혼전 순결이나 이성 교제 문제 등에만 적용하거나 동성애와 같이 교회와 직접적인 관련이 적은 문제에 과대하게 적용하는 경향이 있다. 그러나 실제로 교회와 관련해서 일어나는 대부분의 성 문제는 비대칭적인 권력관계에서 발생한다. 부끄럽지만 기독교에서 성과 관련한 스캔들이 이제는 새삼스럽지도 않다.

최근 몇 년 사이 가장 큰 충격을 준 기독교계 인물은 존하워드 요더와 장 바니에가 아닐까 싶다. 요더는 재세례파 신학자로서 평화주의 비폭력운동의 지지자로 널리 알려졌고, 장 바니에는 라르슈 공동체를 만들어 지적 장애가 있는 이들과 그렇지 않은 이들이 함께 살아가는 차별 없는 세상을 지향했다. 이 둘의 삶과 가르침은 많은 사람들에게 큰 영향력을 행사했다. 그런데 두 사람 모두 수십 년간 수많은 여성에게 성범죄를 저질렀다는 사실이 그 인생 말년에, 혹은 죽은 후에 세상에 드러났다. 그들의 행위가 특히 충격이었던 것은, 그들은 이른바 대형 교회의 스타 목사처럼 권력이나 물질을 탐하는 것처럼 보이는 사람들이 아니었고, 타인에 대한 지극한 연민을 삶과 공동체를 통해 실제로 실천하여 '성자'로 존경받던 사람들이었기 때문이다. 그들은 자신이 가진 종교적 권위와 신뢰를 이용하여 많은 여성에게 씻을 수 없는 고통을 안겨 주었다.

전통적인 교회이건 특수한 목적의 공동체이건, 한 사람의 삶이 권력이 되는 순간 교회는 무너졌다. 교회가 추구하는 순결과 거룩조차도 누군가에겐 권력이 될 수 있다는 무거운 교훈이다. 우리 그리스도인들을 포함해 대부분의 종교인은 더 나은 종교적 삶을 추구하느라 때로 우리의 생각을 내려놓기도 하고, 적극적으로 우리의 재산을 드리기도 하면서 가치 지향의 삶을 산다. 그 가치 중에는 순결과 거룩도 있다. 순결과 거룩을 지키는 삶을 교회에 강조하는 이유는 그만큼 우리가 이러한 데 취약하기 때문일 터이다.

권리와 책임

그렇다면 우리가 성적 부도덕함에 빠지지 않고 순결한 삶을 지키기 위해서는 어떻게 해야 할까? 처음에 했던 이야기로 돌아가서, 히브리서 12장을 보자. 거기에서는 거룩한 삶의 반대말을 두 가지로 얘기한다. 하나는 성적 부도덕함을 뜻하는 단어인 '음행'이고, 또 하나는 '속된 삶'이다. 그리고 속된 삶을 음식 한 그릇에 장자권을 팔아넘긴 에서에 비유한다. 음식 한 그릇에 장자권을 팔아넘긴 행위는, 장자권이 갖는 권리와 의무를 가볍게 여기고 포기했다는 것이며, 음식 한 그릇은 내가 수고하지 않고 얻는 육신의 배부름, 안락함, 만족을 의미한다. 당장 육신의 배고픔이 너무 컸던 터라, 에서는 그 찰나의 만족을 위해 아브라함부터 이어지는 믿음의 조상의 계보를 잇는 장자의 권리를 넘겨주고 말았다. 히브리서 기자는 이를 거룩함을 저버린 행위, 순결을 저버린 행위라고 평가했다.

우리는 누구나 독립적인 인격을 지니고 있다. 우리 개인의 인격과 자존감을 지키기 위해서는 현실의 분위기나 문화, 사조 속에 흔들리지 않는 태도를 기르려는 노력이 필요하다. 누가 대신 살아 주지 않는 삶에서 너무 섣부르고 쉽게 권위의 목소리에 귀를 열어 두는 행위는 바람직하지 않아 보인다. 내가 배고플 때 스스로 찾아 요리하고, 고민이 있으면 다양한 시도와 성찰을 통해 그 고민을 풀어 나가려는 노력이, 이 시대에 장자권을 지키려는 노력이다.

그렇다면 신앙의 영역은 어떨까? 희한하게도 신앙의 영역은 노력에서 예외라고 생각하는 경향이 있다. 설교단에서 전달되는 전문가의 메시지를 듣고 수용하는 데에 익숙하여 그 지점에 머무르는 습관이 굳어지면, 스스로 고민하고 숙고하여

답을 찾아가는 노력은 그만큼 더딜 수밖에 없다. 내 신앙의 편리함, 안락함을 추구하느라 하나님의 자녀로서 우리가 주체적으로 해야 할 고민을 하지 않는다면, 그것이 바로 그리스도인으로서의 정체성을 파는 행위이다. 또한 순결하지 않은 삶, 거룩을 저버린 속된 삶이다. '속되다'라는 말을 현대인의성경에서는 '불신앙'이라고 번역했다.

교회 내에서 고민해야 할 순결한 삶이란, 적어도 남녀 간의 관계에서 성적 부도덕함이 없는 상황만 의미하지는 않는다. 적극적인 의미에서 교회가 순결을 얻을 수 있는 길은, 하나님 자녀로서의 권리와 책임을 주체적으로 함께 감당하는 데 있다. 이 일을 위해서 공동체는 그 권리와 책임을 가능한 한 나눠야 한다.

교회 공동체는 우리가 간직해야 할 이 거룩함을 어디에서 어떻게 시작할 수 있을까? 첫걸음을 내디디며, 기계적일지라도 서로의 생각이 균형 있게 들리는 구조를 만들면 어떨까 싶다. 교회 하면 떠오르는 전형적인 구조, 그리고 그 안에 놓인 설교단에서 유려한 목소리가 들리는 공간이 아니라, 평소 듣기 어려운 작은 목소리가 들리는 공간이 되면 좋겠다. 그럴 때 그곳은 거룩한 자리가 될 수 있다. 공동체 구성원 모두가 설교자로 서야 한다고 제안하는 것은 아니다. 그저 설교자의 자리가 특별한 자리가 아니었으면 하고 바랄 뿐이다. 신학 수업을 받았는지와 관계없이, 성별에 관계없이, 나이와 관계없이, 할 수 있다면 아이들도 설 수 있도록 열린 자리가 되면 좋겠다.

누군가의 말이 전해지는 곳이라는 의미에서 설교자의 자리라고 말한 것일 뿐, 꼭 그 자리일 필요는 없다. 교회 안에서 말을 하고 말이 들리는 자리는 다양하다. 그러니 설교자의 자리에 다양한 사람이 설 수 있는 것은 여러 방법 중 하나이며, 동시에 다른 방식으로 말이 들리는 것 역시도 동일한 무게로 다가와야 한다.

순결한 삶은 성적으로 또 윤리적·도덕적으로 흠결 없이 사는 삶이다. 동시에 순결한 삶은 한 인격을 가진 개인으로서 권리와 책임을 다하는 삶이기도 하다. 그러므로 위력이 작동하지 않는 평등한 공동체는 순결의 중요한 조건이 된다. 교회 속에서 이 두 가지 거룩함 혹은 순결함을 지키기 위해서는, 권위의 불균형이 생기지 않도록 교회의 구도를 고민해야 한다. 모두가 같은 분량의 권리와 책임을 나누어 지도록 애쓰는 것이 필요하다. 그럴 때 그 공동체는 순결한 공동체를 향해 제대로 된 한 걸음을 내딛게 된다. 이 구조를 만들어 가는 책임은 온전히 우리에게 있다. 모두가 순결한 교회의 꿈을 놓치지 않고 애써 만들어 가길 기도한다.

이 순간에도 교회의 순결과 순수성에 대한 도전이 거세다. 아마도 목회자의 일탈에 대한 비판 때문이지 싶다. 그럴 때마다 교회나 교단이 나름의 대응을 하지만 못내 아쉽다. 이들은 기존의 구조, 곧 권력과 권위가 불균형한 구조를 그대로 사수하며 문제를 해결하려 한다. 예컨대 성폭력 피해자로서 문제제기를 하자 이단 사이비 종교에 속했다거나 불순한 의도를 가지고 가해자를 유혹했다거나 하는 식의 전형적인 대응을 한다. 때로, 솔직히 말하자면 꽤 자주, 교회는 순결에 대해 가장 모순된 태도를 보인다. 용서받을 수 있는 불순결과 용서받지 못할 불순결을 임의로 나눈다. 교회 세습도, 목회자 성 추문도 모두 동성애 문제 앞에서는 시빗거리가 되지 못한다. 이것이야말로 순결과 순수성을 상실한 부끄러움을 모르는 행태이다.

순결이
배타가 되지 않으려면

여기서 놓치지 말아야 할 것이 있다. 교회는 순결해야 하지만, 순결을 지키는 것이 배타로 이어져서는 안 된다는 점이다. 초기 기독교 형성기에, 유대교는 선택받은 백성의 순수성과 순결을 강조하느라 인종의 경계를 넘지 못했다. 순수성을 유지하기 위해 힘쓰는 것이 배타적 유대주의의 함정에 빠지는 결과를 낳았다. 반면, 기독교는 그 경계를 넘어 이방인을 향했다. 그런데 오늘 한국 교회는 역으로 배타성을 순결이라는 단어로 치환하여 정당화하고 있다. 순결을 무기 삼아 다름을 억압하는 기제로 쓰는 것이다. 그것은 책임 있는 공동체를 만들어 가는 길이라 할 수 없다.

오늘 교회는 진리를 추구하는 곳이기보다 그 자체를 유지하고 수호하기 위해서 불의와 사회적 고통을 외면하는 모습을 보여 준다. 자신들이 현재 가지고 있는 생각을 진리와 동일시하여 절대화하는 반면, 다른 목소리에 대해서는 적당히 귀를 닫고 있다. 이것이 교회가 외면당하는 이유이다. 교회가 마땅히 추구해야 할 순결이 단지 성윤리에 국한되어서는 안 된다. 사회적 정의를 추구하는 흐름을 외면한다면, 교회는 순결을 잃은 조직이 되고 만다. 한국 교회는 지금 약자의 울부짖음을 외면함으로써 교회가 지녀야 할 순결을 상실한 것은 아닌가.

또한, 정결한 열 처녀의 비유에서처럼 순결은 기다림이기도 하다. 기다림은 능동이 아닌 수동이다. 기다린다고 하지만 기다리는 대상이 나타날지는 기약이 없다. 불확실하고 불분명한 결말 앞에서 언제까지 기다릴 수 있을까? 그 대상을 신뢰하는 범위만큼 기다릴 수 있다. 한때 독립운동을 하다가 일제 강점기 말엽에 친일로 돌아선 이들에게 그 연유를 물어보면, 대부분 비슷한 대답을 했다고 한다. "아무리 기다려도 조선이 독립되지 않을 줄 알았다."

기독교는 기다림의 종교라고 해도 지나치지 않다. 이스

라엘 사람들은 여전히 메시아의 오심을 기다리지만, 이제 우리는 다시 오실 예수님을 고대한다. 우리는 이 땅 가운데 이루어질 하나님의 나라를 기다린다. 우리 기도의 응답을 기다린다. 다시 오실 예수님 앞에 우리의 기다림은 철저히 수동적으로 보이지만, 신랑을 맞으러 간 열 처녀의 비유처럼 기다림에도 적극적인 지혜가 필요하다. 그 기다림은 막연하고 하염없는 것은 아니라는 말이다. 기다림은, 다시 말해 준비라고 할 수도 있다. 다시 오실 주님을 제대로 맞이할 준비를 하는 것이다.

제대로 기다려야, 마침내 그 대상이 올 때 올바르게 분별할 수 있다. 메시아가 이 땅에 한 아기의 모습으로 오셨으나 사람들은 그 사실을 인식하지 못했다. 여러 이유가 있겠지만, 가장 큰 이유는 각자 자기의 생각대로 메시아를 그리며 기다렸기 때문이다. 다윗의 후손으로 오시는 이가, 헤롯의 궁전이 아니라 한 여관에서 쓸쓸하게 태어나시리라 생각한 이는 많지 않았다. 왕으로 오시는 이를 기대하고 환호할 준비를 하는 것은, 개인 욕망의 투사이다. 군림하는 영광스러운 자리, 환호를 받는 자리로 오실 이를 기다린 것은, 그들 신앙의 목적이, 삶의 지향이 그것에 맞춰져 있었기 때문인지도 모른다.

기독교에서 말하는 메시아는 그런 왕이 아니었다. 오실 그분은 세상을 다스리는 왕이셨지만, 그 왕의 다스림은 군림이 아니라 가장 낮은 자와 함께하는 것이었다. 예수님이 공생애를 시작하실 때 이 땅에서 다스리는 권세를 탐하도록 유혹

하는 것이 첫 번째 시험이었다. 우리는 높은 자리, 영향력 있는 자리에 있을 때 더 큰 일을 할 수 있다고 생각한다. 누구도 부정할 수 없는 이 세상의 작동 방식이다. 그렇지만 하나님 나라의 길은 달랐다. 가장 낮은 길, 주목받지 않는 길, 주변의 길이었다. 그 길은 사람들의 비방을 받는 길이었다. 예수님을 따르던 이들은, 마침내는 제 뜻과 다른 예수님을 버렸다. 그 속에서 많은 사람의 속생각이 드러난다. 거대한 제국 로마의 한 식민지 국가에서 연약한 모습으로 나신 예수님의 삶과 길이야말로 그리스도인과 교회가 지향할 삶의 가치를 보여 준다.

우리가 다시 오실 예수님을 묵상하는 것은 이천 년 전 이미 오셨던 그 예수님의 세계를 묵상하는 것과 연결할 수 있다. 기다리는 수많은 사람들 틈에서 메시아 예수님을 분별하고 환영한 이는 매우 적었다. 그들이 예수님을 알아챌 수 있었던 것은, 하나님의 나라가 화려한 영광의 모습이 아니라 가장 소박하고 작은 자와 함께하는 자리에서 이루어짐을 믿었기 때문이다.

기다림이 중요한 이유는, 그 과정에서 우리로 하여금 여러 가지로 돌아보고 그 돌아봄을 실천하도록 하기 때문이다. 기다림은 헤아리고 돌아보는 여정이기도 하다. 고단하고 긴 기다림의 과정은 우리 속에 있는 거치는 것들, 순수하지 못한 것들을 걸러 준다. 걸러 내는 과정을 거쳐야 눈의 비늘이 씻겨 나가고, 무엇을 기다리고 보아야 하는지 분별할 수 있게 된다.

가장 수동적이고 하염없어 보이는 기다림은 끊임없는 정화의 과정이다. 기다림의 가치에 대해 다시 생각하게 한다. 천천히 느리게 돌아보며, 거를 것은 걸러 내고, 부끄럽지 않도록 스스로를 준비하는 것이 무엇인지 묵상할 때, 우리는 조금 더 정결하게 빚어질 수 있다.

3부

소명

다시 묻기

기적

능력주의 깨트리기

우리가 오늘 발을 딛고 살아가는 이 사회, 전쟁과 혼란이 끊이지 않는 이 세계 속에서 교회란 무엇이어야 하는가. 아주 현실적이고 실제적인 이 고민을, 요한복음 5장을 본문 삼아 이야기해 보고자 한다. 우리에겐 매우 익숙한 스토리이다.

요한복음의 저자 사도 요한은 요한복음 마지막 장 마지막 절에서, 예수께서 행하신 일을 낱낱이 기록한다면 이 세상이라도 그 기록한 책을 두기에 부족하다고 했다 요 21:25. 요한은 다른 복음서 저자들과 달리, 예수님이 행하신 수많은 기적 중 일곱 가지만 기록하였다. 수많은 사건 중에서 단 일곱 가지만 선택했다면, 그 사건들에는 특별한 메시지가 담겨 있다는 의미이겠다. 요한복음 5장에 등장하는 '서른여덟 해 동안 병을 앓던 사람을 일으킨 사건'도 그중 하나이다.

그런데 한번 생각해 보자. 요한복음서의 다른 기적들, 예컨대 물을 포도주로 바꾼 일, 오병이어 사건, 죽은 나사로를 살리신 일과 비교하면, 이 병자를 고치신 사건은 다소 밋밋해 보인다. 그러니 이 사건을 놀라운 기적으로 바라보기보다 다른 관점에서 관찰하고 시사점을 찾아가는 것도 그리 어긋나는 접근이 아니겠다. 이 사건은 우리가 살아가고 있는 인간 사회의 실존을 적나라하게 드러냄과 동시에, 이런 인간 사회 속에서 교회의 존재 의미와 역할이 무엇인지 되돌아보게 한다. 이 사건이 현대를 살아가는 우리 개개인에게 주는 메시지는 무엇일까? 아울러 교회란 무엇이며 참된 기적이란 어떤 것을 말할까?

자비의 집의 모순

요한복음 5장은 예수님이 유대인의 명절에 예루살렘으

로 올라가서 베데스다 못가를 방문하신 일을 배경으로 한다. 베데스다는 그 규모가 축구장 크기 정도 된다고 하니, 아주 큰 못이다. 그 안에 여러 아픈 사람들이 살면서 물이 움직이기를 기다리고 있었다. 천사가 가끔 못에 내려와 물을 움직이게 하는데, 물이 움직인 후에 가장 먼저 들어가는 사람은 어떤 병에 걸렸든지 나았기 때문이다.

'베데스다'는 '자비의 집'이라는 뜻이다. 언뜻 보기에 남녀노소를 막론하고 누구에게나 인생을 회복할 기회가 열려 있다는 점에서 자비의 집이라고 할 만하다. 그러나 과연 그럴까? 베데스다는 누구든지 나을 수 있는 자비와 선의의 공간인 동시에, 그 혜택을 오직 한 사람, 가장 먼저 물에 들어간 사람만 입는다는 점에서 그를 제외한 나머지 사람들에게는 절망의 공간일 수밖에 없다. 그 때문에 베데스다 연못가에는 연못에 먼저 들어가기 위한 치열한 경쟁이 있었다.

그리고 공평한 기회가 보장된 것처럼 보이지만, 실제로는 몸을 빠르게 움직일 수 있거나 움직일 때 보호자의 도움을 받을 수 있는 사람에게 기회가 돌아갈 수밖에 없는 차별의 공간이었다. 평소에는 서로 도우며 애환을 나누다가도 결정적인 순간에는 치열하게 경쟁해야 하는 끔찍한 곳이 된다. 또 물이 언제 움직일지, 정말 움직이기나 할지 알 수 없으니, 미래에 대한 염려와 불안이 항상 존재했다. 따라서 자비의 집이 실제로는 가장 무자비한 집인 것이다. 베데스다를 한 문장으로 표현한다면, 오늘날의 카피 중 무엇과 가장 비슷할까? 아마도 "2등은 아무도 기억하지 않는다"가 아닐까. 그런 점에서 이 베데스다 연못가는 오늘날 우리가 살아가는 세상의 축소판이라고 할 수 있다.

이 세상은 병든 사람들이 모인 병든 사회이다. 사람마다 차이가 있으나, 우리는 모두 자기만의 고통스러운 병을 안고 살아가고 있다. 육체적인 질병일 수도 있고, 정신적인 질병일 수도 있다. 그래서 사람들의 생각도 병들고 행동도 병들어 간다.

이 사회는 베데스다 연못가와 같이 무한대의 경쟁 사회이다. 우리는 태어나면서부터 이러한 경쟁의 바다에 던져졌다. 대학에 들어가기 위한 경쟁, 졸업 후 취업을 위한 경쟁, 그 후 경제적으로 자립하고 안정을 얻는 경쟁 등 우리 앞에는 치열한 경쟁이 끝없이 기다리고 있다. 무한 경쟁 시대, 능력 위주의 사회, 일류만이 살아남는 시대로 변천해 가면서 사람들은 살벌한 경쟁심과 팽팽한 긴장감 속에서 살아가지 않으면 안 된다. 고상한 도덕적 가치나 자비심은 약자들의 볼멘소리에서나 나오는 것이 되었다. 이런 사회 속에서 우리는 철학자 토머스 홉스의 표현대로 '만인의 만인에 대한 투쟁war against all of all'을 해 나갈 수밖에 없다.

예수님이 베데스다 연못가를 찾으신 일은, 하나님을 떠나 피폐해진 인간 세상을 하나님께서 심방하신 것을 상징한다. 예수님이 베데스다 못가에 가서 무엇을 하셨는가? 가장 주변에 있는, 가장 소외된 한 사람을 주목하셨다. 그는 고통받는 사람들이 모인 베데스다 못가에서도 가장 낙오되고 소외된 존재로, 어쩌면 절대 절망의 상징일 수 있다. 아무리 못의 물이 빈번하게 또 주기적으로 요동쳐도 제일 먼저 못에 들어갈 가능성은 찾아볼 수 없는, 그런 종류의 사람이다. 하지만 예수님은 이런 그를 주목하여 보셨다. 예수님은 그에게 다가가 말씀하셨다. "네가 낫고자 하느냐?"

이 말씀을 두 가지 층위에서 생각해 보고 싶다. 첫째, 이 말씀을 그 당사자 개인에게 하신 말씀으로 적용할 수 있다. 예수님은 베데스다 못가의 현실에 동조하며 그 한계에 마음 아파하고 분노하실 수 있었다. 그런데 예수님은 베데스다 못이 규정한 삶의 규칙에 종속되지 않으셨다. 그분은 "네가 정녕 연못에 가장 먼저 들어가기를 원하느냐?"라고 묻지 않고 "네가 낫고자 하느냐?"라고 물으셨다.

사람들은 짜인 틀 속에서, 그 안에서만 사고한다. 현실은 변하지 않고 늘 거기에 있으니 현실을 상수라고 생각하고 나머지는 변수로 여긴다. 예컨대 사회 구조, 정치나 경제 상황 등은 우리 삶에 매우 큰 영향을 주므로 변할 수 없는 상수라고 여긴다. 이 상수는 우리에게 현실 이상으로 과도하게 다가온다. 그러나 우리의 인식이 전환되면 달라진다. 현실은 결코 상수가 아니다. 우리가 소원을 가질 수 있는 근거가 무엇인가?

변하지 않을 것 같은 모든 것을 바꾸실 수 있는 예수님이 유일한 상수라는 점이다. 예수님은 우리가 처한 상황의 구조 그 너머를 보시는 분이다.

그에게 답을 들으신 예수님은, 곧이어 자신의 어려운 처지를 토로하는 그를 일어나 걷게 하셨다. 이것이 바로 이 사건이 우리에게 일차적으로 얘기해 주는 것이다. 희망을 잃지 않고 그 너머의 가치인 예수님을 바라보라고 말이다.

능력주의라는 잔인한 규칙

그렇더라도 나는, 이 본문이 믿음을 가지면 어떤 병도 치유된다는 것으로 읽히지 않는다. 그렇게 읽는 것이 문제는 아니지만, 충분한 해석도 아니다. 복음서의 다른 치유 기사와 본문에 등장하는 기사의 차이점에 주목해 살펴보자. 다른 기사들은 대부분 아프지 않은 군중들 틈에 아픈 사람이 등장하여 예수님께 치유받은 사건을 담고 있다. 하지만 이 사건에서는 육체의 고통을 안고 있는 사람들이 모인 곳, 베데스다로 예수님이 들어와 단 한 사람만 고쳐 주고 홀연히 떠나셨다. 기적을 기대하며 그 베데스다 연못에 남아 있던 다른 이들은 예수님의 행동에 대해 섭섭함을 넘어 분개할 만하다. 본문을 이 공동체의 관점에서 뒤집어 읽어 보면, 예수님은 결과적으로 몹시 고약한 일을 하신 셈이다.

상황이 이럼에도 우리가 이 본문을 그저 한 불치병자가 나았다고 읽는 데 머문다면, 어떤 일이 벌어질까? 한 절망적인 환자가 무한 경쟁의 연못가에서 운 좋게 나음을 쟁취한 것으로만 본다면, 다른 승리의 간증과 별 차이가 없다. 병자가 치유받음으로 그곳은 희망의 공간이 되었나? 아니다. 치유받지 못한 나머지는 여전히 거기 있다. 절망의 공간 그대로이다. 그러니 이 말씀을 '치유'나 '구원'이라는 개인화된 것으로 이해하는 것을 넘어서 바라볼 필요가 있다.

"네가 낫고자 하느냐?" 이 말씀을 그 공간에 있던 모든 공동체 구성원에게 전한 메시지로 읽어 보면 어떨까? 그렇게 읽을 때, 우리는 가장 먼저 물에 들어가야 낫는다는 베데스다의 법칙에 예수님이 구애받지 않으셨다는 점에 주목하게 된다. 예수님은 가장 먼저 연못에 들어가야 나음을 얻는다는 절대 규칙을 무너뜨리셨다. 요즘 유행하는 능력주의meritocracy라는 규칙을 깨트리신 것이다. 그리고 예수님은 그 공동체에서 어떠한 소망도 얘기하기 어려운 가장 작은 한 사람을 통해 자신의 기적을 보이셨다.

교회 공동체라는 관점에서 이 얘기를 좀 더 이어 가 보자. 교회란 무엇일까? 에베소서 1장 23절에서 사도 바울은 교회를 '그리스도의 몸'이라고 표현했다. 십자가에서의 죽음과 부활, 승천을 통해 예수 그리스도는 더 이상 육신으로는 우리와 함께할 수 없게 되었다. 그러니 교회가 그리스도의 몸이라고 한 것은, 예수님이 추구하신 가치와 예수님이 하신 일이 이제 교회라는 공동체를 통해서 이루어져야 한다는 의미일 것이다.

여기에서 중요한 것은, 교회라는 공간을 어떠한 공간으로 만들어야 하느냐이다. 병 나은 자 한 명에게 주목하기보다 어떻게 예수님이 의도한 공동체를 만들어 갈 수 있느냐에 집중해야 한다. 교회의 본질은, 베데스다 연못과 같은 냉혹한 현실 사회를 피하지 않고 찾아가신 예수님과 같아야 한다는 뜻이겠다. 그 속에서 가장 희망을 볼 수 없는 자에게 다가가는 것, 그것이 교회 공동체의 역할이리라. 베데스다 연못가의 현실이 전부라고 생각하며 살고 있는 사람들에게 그 너머가 있음을 알게 하고, 손잡고 함께 그 너머로 걸어가자고 하는 공동체 말이다. 가장 먼저, 가장 빨리 남을 제치고 들어가는 것을 학습하는 공간이 아니라, 느리더라도 더불어 걸어가는 그런 공동체 말이다.

그리고 베데스다 이야기는 교회 공동체가 지향해야 할 대상이 누구인지를 제시한다. 교회 공동체의 핵심 역할은 가장 작은 자, 주변인들에 대한 자애와 공감, 배려이겠다. 이러한 사람들이 그 안에 담길 때 그 공동체는 구원을 담아낼 수 있는 공동체가 된다. 왜냐하면 우리의 공동체는 우리의 자격과 능력으로 우리가 구성해 내는 것이 아니라, 오직 일방적인

185

하나님의 은혜로 이루어지는 공동체이기 때문이다.

교회,
기적의 공동체

도스토옙스키의 《카라마조프가의 형제들》에는 '양파 한 뿌리'라는 이야기가 나온다. 한 악한 여인이 죽어 불연못에 던져졌다. 그녀의 수호천사가 불쌍히 여겨 그 삶에서 은혜를 받을 만한 선행을 찾아보았다. 그러다가 양파 한 뿌리를 뽑아 가난한 사람에게 준 선행을 기억하고 하나님의 은총을 구했다. 그러자 하나님은, 양파 뿌리를 불타는 연못 속의 여인에게 던져서 줄기를 잡아당겨 여인을 끌어내면 낙원으로 보내 주겠다고 약속했다. 천사가 불연못에 양파 한 뿌리를 던지고 여인이 그것을 잡고 나오려는 찰나, 불연못 속의 다른 죄인들이 필사적으로 여인에게 매달렸다. 매정한 여인은 그들을 발로 차 떨어뜨렸다. 그러자 양파 줄기가 곧 끊어져 버렸다.

여인은 구원받을 자격과는 거리가 먼 선행 하나로 구원의 기회를 얻었다. 구원이란 나의 능력과 가치로 얻을 수 있는 게 아니다. 구원은 가치 없는 죄인들이 서로 곁을 내어 줄 때 함께 받을 수 있다. 그렇지 않다면 여인처럼 다시 불연못 속에 빠지게 된다. 이 이야기가 뜻하는 바는, 구원은 개인만이 아니

기적 — 능력주의 에토리기

라 그들과 연계된 타인, 사회와의 관계 속에서 형성되는 가치일 수 있다는 것이다.

우리는 구원이라는 종교적 가치조차도 개인의 능력으로 얻을 수 있는 것처럼 만들어 버린다. 종교로 포장하고 가린 욕망이 교회를 비인격적인 공간으로 만들 수 있다. 능력주의와 경쟁이 자비의 공간을 지배하면 그 어떤 곳보다 냉혹한 곳이 된다.

도스토옙스키의 불타는 연못의 비유와 베데스다 연못의 비유는, 다른 듯하지만 실은 매우 유사하다. 예수님이 베데스다에서 행하신 일은, 가장 먼저 물에 들어가는 자만 낫는다는 현실이 제시하는 1등의 기준에서 벗어나 있다. 마찬가지로, 하나님의 은혜는 은혜를 받을 그 어떤 자격도 없는, 평생 겨우 양파 한 뿌리의 선행만 한 여인에게도 임하는 것이다. 그 은혜를 깨닫고 누리는가, 그러지 못하는가의 비밀은, 내가 받은 은혜를 주위에 나누어 줄 수 있느냐 하는 데 있다. 나만 고침을 받아야 하고 나만 구원을 받아야 하는 현실에서, 남을 위해 기꺼이 자리를 내어 주고 어깨를 내어 줄 때, 하나님의 은혜는 자격 없는 죄인인 우리 모두에게 임한다.

그러면 교회는 어떻게 이 구원의 공동체를 이룰 수 있을까? 양파 한 뿌리의 가르침에서 방법을 찾아보자. 우리 모두 죄인이고 나 역시 죄인이지만, 나만 구원의 자격이 있고 다른 이에게는 없다고 외치는 순간 그 여인처럼 다시 나락으로 떨어지고 만다. 구원은 가치 없는 자들까지도 포용할 때 유지되는 것이다. 베데스다 연못가에서 예수님이 전하시는 진정한 메시지는, 불치병자도 나을 수 있다는 표면적인 것을 넘어서, 예수님은 이 세상의 방식을 초월하여 일하시는 분이라는 것이다.

이 세상이 진정한 베데스다 곧 자비의 집이 되느냐, 불타는 지옥 연못이 되느냐는 우리 삶이 예수님의 방식을 선택하느냐 그러지 않느냐에 달려 있다. 그러니 우리는 통념을 깨는 공동체를 만들어야 한다.

교회 되신 예수님은 그곳에서 기적을 만들어 내셨다. 그렇다면 오늘 교회가 만들어 내야 할 기적은 무엇일까? 교회가 기적의 공동체가 되어야 한다는 것이, 교회에 와서 병 낫고 물질의 복받고 자녀가 성공하였다는 간증으로 넘쳐나야 한다는 의미일까? 물론 그런 것이 없어야 한다는 말은 아니다. 하지만 그것이 사도 요한이 일곱 가지 기적 중의 하나로 이 사건을 넣은 타당한 이유가 될 것 같지는 않다.

한국 사회의 유례없는 출산율 저하는 내던져진 경쟁 사회에 대한 환멸을 반영한다. 그런데도 대형 교회는 승리의 길을 가르쳐 준다. 그들의 이벤트에는 그 욕망을 착실히 따르는 이들이 몰린다. 아무리 거친 베데스다 연못 같은 환경이라도, 너는 가장 먼저 들어가는 사람이 될 수 있다는 메시지. 불황이 없다. 공포를 먹고 살아간다.

기적 — 능력주의 케토리기

정말 큰 기적은 무엇일까? 서로 다른 문제를 안고 있는 병자들이 베데스다와 같은 현실, 경쟁할 수밖에 없는 현실에 살면서도 매몰되지 않고, 가장 소외된 자, 가장 낮은 자를 보듬어 주며 함께 살아가는 것, 그래서 경쟁에서의 승리를 추구하기보다 평화로울 수 없는 경쟁 속에서 평화를 만들어 내는 것이야말로 기적이다. 이것이 예수님이 베데스다에 오신 목적이고, 교회 되신 그리스도를 상징적으로 보여 준 목적일 것이다. 교회가 가장 아픈 자, 가장 낮은 자들이 평화를 누리는 곳이 되는 것, 그것이 기적이다. 경쟁과 배제와 혐오와 시기 속에 무수한 상처와 아픔이 있는 불화의 세계가 전부가 아니라, 그리스도로 인한 평화의 세계가 있음을 보여 주는 것이 기적이다. 그리스도로 인해 인간이 서로 화평하는 것 그 이상의 기적이 있을까? 교회 열심히 다녔더니 물속에 가장 먼저 들어가게 되었다는 고백은 교회의 본질이 아니다.

그러니 "네가 낫고자 하느냐?"라는 말씀은 교회 공동체가 이런 화해와 치유의 공동체를 만들 수 있느냐는 질문인 동시에, 그런 공동체를 만들어 가야 한다는 예수님의 당위적인 부탁이기도 한 것이다.

예수님이 육신으로는 우리와 함께할 수 없으니 그 몸 된 교회를 주셨다. 그리고 교회가 무엇을 해야 하는지 몸소 알려 주셨다. 모두가 환호하는 축제의 시기에 교회는 어디로 가야 하는지, 여러 사람 가운데 누구를 주목하고 누구에게 다가가야 하는지 알려 주신 것이다. 사람을 보되 외적인 모습을 보지 말고, 하나님의 형상을 닮은 자라는 존엄을 깨우쳐 주어 그 형상을 회복하도록 교회 공동체가 힘써 도와주는 것, 이것을 알려 주셨다. 어쩌면 이것이 오늘 본문이 몸의 회복이라는 가시적인 기적을 넘어 우리에게 전해 주려는 진정한 메시지가 아닐까 싶다.

세상의 방식, 그리스도의 방식

세상이란 무엇이며, 그리스도인은 세상을 어떻게 바라보아야 할까? 성경에서 '세상'은 단순히 공간적 개념이기보다 우리의 욕망이 멈춘 곳을 의미한다. 바울은 빌립보서 3장 19절 하반절에서 "그들은 배를 자기네의 하나님으로 삼고, 자기네의 수치를 영광으로 삼고, 땅의 것만을 생각합니다"라고 표현했다. 세상의 일이란 육체의 욕망을 신처럼 경배하고 그 영광을 구하는 일을 말한다. 누군가에게 이 세상은 성취와 향유를 신처럼 경배하는 장소이다. 그러나 또 다른 누군가에게 이 세상은 더 나은 하늘의 약속을 얻기 위해 포기하고 버려야 할 경멸의 대상이기도 하다.

그리스도인들은 여느 사람과 다를 바 없이 이 세상에 던져진 존재로 살아간다. 우리의 자의식 속에서 세상은, 그저 살아 내야 하는 장소를 넘어 하나님의 뜻을 발견하고 이루어 내는 곳이기도 하다. 세상은 우리에게 고민거리이다. 세상의 물결 속에서 우리 자신과 자녀들을 보호하는 동시에, 세상의 문화나 트렌드에 뒤처지지 않기 위해 열심히 따라가며 살아간다. 세상에 대한 경배나 경멸은 자극적인 양극단의 표현이지만, 우리는 그 중간 어딘가에서 서성이며 살아간다.

세상의 규칙은 욕망이 신이 되고 그 욕망을 위해 절제 없이 나아갈 것을 요구한다. 우리가 사는 세상을 지배하는 논리는 바로 베데스다 못가의 논리이다. 신자유주의 세계 속에서 능력주의라는 이름으로 우리는 무한 경쟁에 내던져졌다. 살벌한 경쟁심과 팽팽한 긴장감 속에서 살아가지 않으면 안 된다.

예수 그리스도의 방식은 베데스다가 가지고 있는 구조와 논리에 맞서는 것이다. 그곳에서 가장 주변에 있으면서 가장 철저하게 소외된, 38년이라는 오랜 세월 동안 병을 앓은 사람에게 다가가셨다. 이는 그리스도의 가르침을 실천하는 교회 공동체와 그리스도인 개개인이 지향해야 할 가치가 무엇인지에 대한 힌트이다.

그리스도의 교회가 지향할 것은, 가장 먼저 물에 들어가는 것을 연습하는 것도 그 방식을 가르치는 것도 아니다. 오히려 그런 구조 속에서 나를 넘어서 소망을 말하기 가장 어려운 사람에게 주목하는 것이다. 교회는 베데스다의 법칙, 세상의 구조를 넘어서는 법칙이 예수 그리스도 안에 있음을 제시하는 곳이어야 한다.

　우리가 선 자리는 분명히 베데스다 못가이다. 그 누구도 예외가 아니다. 그 속에서 누군가는 대박을 쳐서 조기 은퇴 하는 삶을 살 것이고, 누군가의 자식은 보란 듯이 성공해서 부모의 자랑이 되기도 할 것이다. 대부분은 그와 무관하게 일평생 험하고 거친 나그네의 인생을 힘겹게 살 것이다. 그 베데스다 언저리 어딘가에 교회가 자리한다. 우리의 현실이 어떠하든, 우리의 내일이 어떻게 예상되든, 오늘 베데스다에서 교회가 할 일은, 언제 올지 모르는 고도와 같은 천사를 기다리기보다 함께하는 이들을 보듬으며 살아가는 삶을 실천하는 것이다. 교회 공동체의 핵심 역할은 타인에 대한 자애와 공감, 배려를 실천하는 것이다. 이 실천은 나 그리고 우리를 넘어서는 일이다. 교회 공동체란 베데스다의 법칙과 같은 욕망과 능력주의를 기준으로 이루어지는 곳이 아니라, 오직 하나님의 일방적인 은혜로 꾸려지는 곳이기 때문이다.

환대

___

곁의 곁을 지키는 것

___

___

교회에서 환대는 가장 중요한 가치이지만, 실제로 구현하는 데는 가장 고민되는 주제이다. 환대 하면 떠오르는 이미지를 생각해 보자. 지역교회의 경험에서는, 아마도 새신자 부서에 소속되어 있는 이들이 화사하게 혹은 정갈하게 차려입고 함박웃음을 지으며 교회에 처음 온 사람을 맞이하는 것이 떠오를 수 있다. 이것이 환대의 기준이라면, 매주 교회에 찾아오는 새로운 사람들이 있는 큰 규모의 교회일수록 환대를 잘하는 모양새가 되겠다. 누군가 예고 없이 방문한 적이 드문 공동체라면 그런 환대는 그림의 떡이다. 그러니 전형적인 이미지를 기준으로 한다면, 작은 공동체에서 환대라는 얘기를 꺼내기가 조금 주저된다. 만일 환대라는 것을, 교회 공동체가 손님을 따뜻하게 잘 맞아야 한다는 일차적인 상황에만 적용하면 참으로 어려운 일이 될 수밖에 없다.

기독교 전통의
환대

그런데 기독교 전통이나 성경에서 이야기하는 환대는 조금 더 근원적인 것을 보여 준다. 베네딕토 회칙 53조는 환대를 나타내는 가장 대표적인 구절이다.

찾아오는 모든 손님을 그리스도처럼 맞아들일 것이다. 왜냐하면 그분께서는 (장차) "내가 나그네 되었을 때 너희는 나를 맞아 주었다"라고 말씀하실 것이기 때문이다.

이것은 교회 공동체에서 환대가 차지하는 위치가 어느 정도여야 하는지 보여 준다. 환대란 사교적이고 품위 있는 환영, 따뜻한 미소로 손님을 맞이하는 것을 넘어선다. 베네딕토회 규칙에서 말하는 환대는 경제적 수준을 알 수 없는 나그네, 종교나 사회적 지위와 상관없는 사람들을 진심으로 받아들이는 것이다. 머무는 손님을 환대하기 위해서는 수도원의 규칙인 평화와 침묵도 예외로 할 만큼 손님 대접을 강조했다.

히브리서 13장 1-3절은 환대의 중요성을 가장 잘 나타내는 구절이라고 할 수 있다. 우리는 이 말씀을 통해 환대의 대상을 세 가지로 나누어 이해할 수 있다. 가장 먼저는 '서로'이다. 서로를 환대하는 것은 공동체를 이미 구성하고 있는 교회 구성원 사이의 환대라 할 수 있다. 두 번째는 나그네이다. 나그네는 영어 표현에서 보듯 '낯선 사람'이다. 낯선 사람은 정체를 알 수 없는 사람, 어디서 왔는지 무슨 생각을 하는지 과거에 무슨 일을 했는지 도통 알 수 없는 사람이다. 그들 대접하기를 소홀히 하지 말라고 한다. 마지막 세 번째는 갇혀서 학대받는 사람들이다. 히브리서가 쓰인 역사적 맥락에서 볼 때는 예수님을 믿는다는 이유로 종교적으로 탄압받는 사람들이라고 할 수 있다.

환대는 그리스도인들과 교회가 마땅히 실천해야 할 가치이다. 한국 교회를 비롯한 세계의 많은 교회가 이 말씀을 따라 구제 사업에 애쓰고 있다. 하지만 구제와 환대는 다르다. 구제가 베푸는 시혜적인 차원이라면, 환대는 그 대상을 나의 몸처럼 있는 그대로 받아 주는 것이다.

마태복음 25장에는 히브리서와 동일한 내용이 나온다.

하나님께 복을 받은 자, 하나님의 나라를 상속받는 하나님의 자녀가 어떤 사람들인지를 이야기한다. 예수님은 주님이 배고플 때 먹을 것을 주고, 목마를 때 마실 것을 주고, 나그네로 있을 때 영접해 주고, 벌거벗었을 때 입을 것을 주고, 병들었을 때 돌보아 주고, 감옥에 갇혀 있을 때 찾아와 준 사람이 하나님 나라를 차지한다고 하셨다. 그 말씀을 들은 의인들은 자신들이 그리스도를 그렇게 대접한 적이 없기에 당황스러웠다. 그러자 예수님은 형제자매 가운데 지극히 보잘것없는 사람 하나에게 행한 것이 곧 그리스도에게 행한 것이라고 하신다. 하나님으로부터 의롭다 칭찬받고 하나님의 복을 받는 기준은, 다름 아닌 지극히 보잘것없는 사람을 환대하는 데 있다.

우리는 '오직 의인은 믿음으로 말미암아 사는 사람'이라는 로마서의 구절이 몹시도 익숙한 개신교인들이다. 그런데 예수님은 마태복음 25장 37절에서 바로 위와 같은 행위를 한 사람들을 '의인'이라고 부르셨다. 그들은 실제로 자신들이 그런 일을 했는지 알지도 못했다. 여기에 우리 교회가 보여 주는 환대의 모순이 있다. '교회에 오는' 사람에게 하는 밝은 환영을 환대라고 간주하고 의인은 오직 그리스도 한 분을 믿는 믿음으로 사는 자라고 인식하면서, 이 둘을 분리하는 것이다.

히브리서이건 마태복음이건, 성경에서 의미하는 의인의 환대는 나그네에 대한 환대이다. 창세기 18장에 보면, 아브라함은 집 앞에 앉았다가 나그네 세 사람이 몹시 뜨거운 햇살을 맞으며 서 있는 것을 보았다. 그는 곧 달려 나가 그들을 집 안으로 모셔 들이고, 최선을 다해 음식을 마련해서 손님을 대접했다. 그 나그네들은 하나님의 천사였다. 이 사건이 바로 히브리서에서 기록한 '자기들도 모르는 사이에 천사들을 대접한' 사건이다. 아브라함 역시 하나님 앞에서 '의롭다'는 칭찬을 받은 사람이다.

환대가 무엇이기에 모든 신앙인이 추구하는 의로움과 연결시키기까지 하는 것일까? 그러니 우리는 환대를 그저 교회에서 반갑게 맞이하는 것 그 이상으로 고민해야 한다.

경계를 지우는
환대

먼저 '환대'의 의미를 정리해 보자. 환대는 영어로 '호스피탤러티hospitality'이다. 이 단어의 어원을 추적해 보면 라틴어 단어 '호스피탈리티스hospitalitis'에서 나왔음을 알 수 있다. 이 단어는 주인host이 손님guest을 대하는 관계를 의미한다. 한 단계 더 추적해 보면, 이 단어는 주인, 손님, 나그네, 방문객을 의미하는 '호스페스hospes'에서 파생되었다. 이처럼 환대라는 단어 자체가 주인, 손님, 낯선 사람 또는 방문자를 의미하는 '호스페스'에서 뻗어 나왔으므로, 단순히 방문객을 반갑게 맞이

하는 것이 아니라 손님과 주인 사이의 관계를 나타내는 용어
라 하겠다. 우리가 잘 아는 병원hospital이라는 단어나 호텔, 호
스텔, 호스피스 등의 단어 모두 같은 뿌리에서 나왔다. 낯선
사람이나 병든 사람, 나그네, 손님을 환대한다는 공통의 의미
를 지니고 있다.

　나그네를 환대하는 주체인 '호스트host'는 의외의 뜻도 있
다. 기독교에서 성찬 시에 봉헌한 빵인 성체를 '호스트'라고 한
다. 이 호스트는 '희생'이라는 의미를 지니고 있으며, 궁극적으
로 '낯선 사람, 나그네'라는 의미와 연결된다. 예수님은 스스로
나그네가 되셨고, 스스로를 희생하여 나그네를 환대하는 성찬
Host을 마련하셨다. 그리스도께서 스스로 제물이 되어 베푸신
식탁으로 인해 헐벗은 나그네들이 쉼을 얻고, 목마름을 채우
고, 허기를 면하게 되었다.

　그래서 그리스도인에게 식사를 나누는 밥상 공동체는 함
께 밥을 먹는 것 이상의 의미가 있다. 이 밥상은 유대인이나
이방인, 헬라인이나 야만인, 남자나 여자, 자유인이나 종이 함
께 수저를 드는 공간이다. 우리가 예수 그리스도의 살과 피를
먹고 마심으로 그리스도의 구원을 감사하고 서로 축복하듯,
나그네를 영접하고 함께 먹고 마시는 것은 그리스도의 구원에
동참하는 또 다른 행위이다.

　성찬은 우리를 향한 그리스도의 환대를 상징한다. 함께
빵을 떼고 포도주를 마실 때, 우리는 나그네 된 우리를 받아

주고 갇혀 있는 우리에게 찾아오신 그리스도를 만나게 된다. 낯선 사람에게 내어 주는 것, 희생하는 것, 이것이 기독교의 본질이며 환대의 행위가 의로움과 연결되는 이유이다. 그리스도인들이 환대를 실천해야 하는 근원적인 이유, 환대와 의로움을 연결시키는 이유가 여기에 있다.

성경의 가르침을 따라 베네딕토 회칙에서도 모든 나그네를 그리스도처럼 대접하라고 했다. 실은, 예수님이 이 땅에 나그네로 오셔서 그렇게 차별과 오해와 멸시와 고난을 겪으셨다. 그리고 그 나그네는 스스로 자신을 희생하여 환대의 호스트(성찬)가 되셨다. 예수님이 그러셨다면, 우리의 기준에 따라 우리가 나그네를 배타할 어떠한 이유나 권리는 그 어디에서도 찾을 수 없다.

환대는 내부자들을 따뜻하게 대접하고 친교를 쌓는 행위를 의미하지 않는다. 오히려 낯선 사람, 이방인, 나그네를 대하는 태도로 보아야 한다. 낯선 사람을 대하는 우리의 태도는 호의와 적의로 구분된다. 낯선 이를 받아들이지 못하는 신학적·교리적 이유를 명확하게 갖고 있는 집단이라면, 그들이 아무리 따뜻하게 사람들을 환영한다고 해도 그리스도의 참된 환대가 되지 못한다. 우리는 이런 모순을 너무도 많이 목도한다. 받아들일 수 있는 손님과 환대할 수 있는 나그네, 그리고 문을 걸어 잠가야 하는 나그네를 확연히 구분한다. 그렇지만 만약 우리가 진심으로 모든 나그네를 그리스도로 여기며 맞이할 수 있다면, 그 나그네와 함께하는 밥상은 우리뿐만 아니라 나그네들도 변화시킬 수 있다. 그 성찬을 마련하고 초대한 분이 그리스도이시기 때문이다. 환대의 식탁에서 한 자리는 늘 그리스도가 자리하신다. 그래서 많은 그리스도인들이 다음과 같은 식탁의 고백을 나누곤 한다.

> 그리스도는 이 집의 주인이시요
> 식사 때마다 보이지 않는 손님이시요
> 모든 대화에 말없이 듣는 이시라.

나그네를 환대하는 것은 학대받는 사람, 힘없는 사람, 억압받는 사람 등 모든 종류의 고통받는 사람들을 그리스도의 눈으로 바라보는 가치 있는 경험이다. 우리는 한 사람의 국적, 나이, 성별, 성정체성, 피부색이 무엇이건 그 속에서 진정한 그리스도의 형상을 찾을 수 있다. 그럴 때 우리는 인간의 존엄성을 깨닫게 되며, 정의와 자비에 대한 우리의 감수성이 성장해 간다.

아울러 한 사람 안에서 그리스도의 형상을 찾아 환대하는 것은, 우리가 하나님의 참다운 사람, 의로운 사람이 되어가는 방식이기도 하다. 우리 역시 나그네로 살아가면서, 우리의 목소리가 들리지 않는 상황을 수없이 경험하곤 한다. 그렇기에 우리는 그 나그네의 경험을 통해 역사적으로 소외되거나 침묵하는 다양한 집단에 대한 감성을 키워 갈 수 있다.

균일한 생각과 균일한 가치와 균일한 성향의 사람들만이 모이는 곳은 그리스도의 환대 공동체가 될 수 없다. 환대 공동체는 다름과 차이 속에서 하모니를 찾아가는 공간이다. 그러기에 환대는 다름 아닌 평화 공동체 만들기이다. 상황과 때에 따라 나그네나 갇혀 있는 사람이 우리와 피부색이 다른 사람일 수도, 종교가 다른 사람일 수도, 혹은 이국땅에서 살아가는 한국인인 우리 자신이 될 수도 있다. 그 나그네의 헐벗음과 괴로움은 육체의 질병뿐 아니라 영적인 질병, 정신적인 고통일 수도 있다. 그런 이들이 찾아와서 다시 회복할 수 있는 곳, 그것이 가능한 곳이 환대의 공동체이다.

그리스도인의 참된 교회란 무엇인지 고민했던 본회퍼 목사님의 여정을 한번 살펴보자. 1930년 유니온 신학교의 초청으로 독일에서 미국으로 건너간 본회퍼는 미국 교회 안에 깊이 뿌리 박힌 인종주의의 갈등을 보았다. 그가 짧은 기간에 경험한 미국의 흑인 기독교는 그의 사상 형성에 적지 않은 영향을 주었다. 그는 흑인 그리스도가 백인 그리스도에게 쫓겨 들판으로 끌려 나가고 있다고 탄식했다. 당시 미국에 만연했던 백인우월주의 극우 기독교 단체인 KKK가 흑인에게 저지르는 테러에도 백인 교회가 침묵하는 것을 보고 큰 충격을 받았다. 그는 미국에서 한 첫 설교에서, "모두가 그리스도 안에서 한 하나님을 경배하기 때문에 하나님의 놀라운 신비가 인종,

국적, 문화의 차이보다 더 크다"라고 선언했다. 그러면서 자신의 흑인 친구들에게 독일로 돌아가 흑인들의 고통을 알리겠다고 약속했다. 그 당시까지만 해도 본회퍼는 독일의 상황이 미국에서 마주친 인종적 증오보다 더 심각하게 흐를 것이라고는 상상하지 못했다.

본회퍼는 1931년 독일로 귀국했다. 1933년 집권한 히틀러는 조직적으로 유대인을 박해하기 시작했다. 그는 독일 교회에서 유대 혈통을 지닌 목회자를 추방하는 반유대인법을 제정했다.

독일 제국교회가 추구했던 인종적 순수성은 그리스도의 가르침에 어긋나는 것이었다. 본회퍼는 이런 히틀러 정권에 대해 명시적으로 저항한 최초의 지식인 중 한 명이다. 본회퍼는 제국교회를 이단이라고 선언하고, 정의를 추구하는 그리스도인들이 유대인들과 연대하여 행동해야 한다고 주장했다. 1933년 8월 본회퍼는 "하나님의 말씀 아래 유대인과 독일인이 함께 서 있는 이곳이 교회이며, 여기서 교회가 여전히 교회인지 아닌지가 증명된다"라고 감히 말했다. 유대인 인종차별을 반대하자 게슈타포는 본회퍼가 이끌던 신학교를 폐쇄했다.

히틀러의 인종차별의 광기가 임계치를 넘자 본회퍼에게는 나치에 맞설 즉각적이고 현실적인 방법밖에 남아 있지 않았다. 이로써 그는 히틀러 암살 음모에 가담케 되었다. 본회퍼가 미국 교회와 독일 교회에서 경험한 인종차별주의는 십자가가 걸려 있다고 해서 모든 장소가 진정한 의미의 교회는 아님을 분명하게 깨닫게 했다. 그에게 교회의 실패는 환대의 실패였다. 흑인들의 고통에 침묵하는 백인들의 교회, 유대인들의 비명에 귀를 막은 순수한 독일인들의 교회는 환대를 실천하는 데 실패했다. 그 교회의 경계 밖에서 그리스도는 나그네로 떨고 있었다.

경계 밖에 있는 그리스도. 이것이 우리가 환대를 그저 따뜻함이라는 감정으로 단순화시키면 안 되는 이유이다. 모든 편견과 차별로 탄식하는 사람들에 대한 책임을 공유하며 평화와 정의의 손길을 내미는 것, 이것이 교회 공동체가 품어야 할 과제이다. 우리는 나그네이다. 이런 우리에게 서로는 그리스도이다. 오늘도 사람의 모습을 입고 여기 계시는 그리스도의 은혜를 서로 나누고 기억하면 좋겠다.

조각난 시간표
메우기

환대의 정점은 그리스도의 성육신이다. 예수님이 이 땅에 육신을 입고 오신 성육신의 의미는 무엇일까? 많은 이들이 요한복음 3장 16절을 근거로 답을 한다. 하나님이 세상을 너무 사랑하여 독생자를 보내 주셨고, 그 독생자 예수님을 믿는 자마다 멸망하지 않고 영생을 얻을 수 있다는 것이다. 그렇다. 성육신은 죄인 된 인간을 향한 하나님의 일방적인 사랑을 보여 준다.

원시 종교를 포함하여 대부분의 종교는 신의 진노를 잠재우기 위해 인간이 '희생' 제물을 준비하여 드림으로 복락을 추구한다. 인신 공양이건 짐승의 희생을 수단으로 하건 재물을 바치건, 타자의 희생이 내 안녕의 근원이 된다. 기독교의 차별성은, 인간이 신의 진노를 잠재우기 위해 사람이나 짐승을 희생하는 것이 아니라, 하나님이 인간의 평화를 위해 십자가 위에서 자신을 희생했다는 내러티브에 있다. 생각하면 할수록, 인간을 위해 하나님이 직접 이 땅에 오셨다는 것은 엄청난 사건이다.

그렇지만 '나를 구원하기 위하여' 희생한 그리스도를 믿음으로 의로움을 얻는다는 명제는, 자칫 다른 종교와의 차별성을 흐리게 만들 수도 있다. 그리스도의 성육신을 그렇게만 이해한다면, 거칠게 표현하자면, 예수님의 희생이 인간의 구원이라는 이기적 욕망을 충족하는 데 그치게 된다. '나를 위하여' 십자가에 달리신 그리스도를 기억하는 데에만 머문다면, 타인의 희생을 통해 자신의 성취를 얻는다는 점에서 하등 종교의 그것과 본질상 경계가 없어진다.

원시 종교와 고등 종교의 분수령은 자기의 울타리를 넘어서 이타심을 추구하는 것이라 할 수 있다. 그렇다면 기독교가 고등 종교로 인정받는 이유는 어디에 있을까? 아마도 다른 종교와 달리 자기애를 넘어서는 선택을 하도록 이끌기 때문일 것이다.

요한복음 1장 14절은 멸망과 구원과는 다른 차원에서 성육신을 이해하게 해 준다. 사도 요한은 예수님이 성육신하신 이유가 '우리와 더불어 살기 위함'이라고 했다. 나 혼자가 아니라 '이웃과' 그리고 '더불어' '살아가는' 것이 그리스도 성육신이 주는 메시지이다. 신앙은 개인적일 뿐 아니라 더불어 사는 삶을 추구하는 공동체적인 것이기도 하다.

그러니 성육신의 또 다른 의미는, 나를 위해 희생한 그리스도를 믿는 것에 머물지 않고, 그리스도의 삶을 따라 나를 넘어서 이웃과 더불어 사는 데에서 찾을 수 있다. 그리스도의 성육신은 '나를 위한' 신앙에서 '이웃과 함께하는' 신앙으로의 전환이다. 동방 교부 아타나시우스는 그리스도의 삶을 본받음으로 인간이 하나님의 성품에 이르는 것theosis이 성육신의 본질이라고 해석했다.

성찬은 이웃을 위해 자신의 몸을 나눠 주신 예수님을 기억하는 시간이다. 심판자나 구주로서 시혜의 자리에 서신 그리스도가 아니라, 우리와 같은 자리에서 함께 살아가는 예수님을 만나는 자리이다. 그리고 우리와 교회가 이웃의 곁을 지키고 더불어 살아가겠다고 결단하는 시간이기도 하다.

곁을 지키고 더불어 살아간다는 것이 무엇이며 어떤 삶

일까? 이 언어들은 부담스럽기도 하고 때로 형식적으로 여겨지기도 한다. 이화여대 김혜령 교수가 쓴 《기독시민교양을 위한 나눔 윤리학》에 짧지만 여운 있는 내용이 나온다. 저자는 학교 학생들과 교회 교우들과 함께 1년에 한두 차례 노숙인을 위해 봉사 활동을 하러 가는데, 이렇게 한 번 가는 것이 생색내기에 지나지 않을 뿐 실제로 무슨 도움이 될까 하는 회의가 들었다고 한다. 그러다가, 어쩌면 이 봉사는 노숙인들을 향하기도 하지만 '직업적·종교적·인류애적 소명으로 노숙인 곁에서 자리를 지키고자 하는 전문 봉사자들을 지지하기 위함'이라는 생각을 했다. 그 일은 전문 봉사자들이 노숙인들 곁에서 지키느라 자신의 존재가 고갈되어 번아웃될 위험을 겪지 않도록 '조각난 시간표'를 메워 주는 일이라는 것이다. 저자는 이를 '곁의 곁'을 지키는 사람이라고 표현했다. 곁의 곁을 지키는 사람들이 많아질수록 고통 가운데 있는 이들이 더 큰 위로를 받을 수 있다. 곁의 곁을 지키는 일은 우리가 살아가는 사회를 성숙하고 두텁게 한다.

교회를 이룬다는 것은, 예수님의 성육신의 본을 따라 서로의 곁을 지키고 함께 사는 환대의 삶으로의 초대이다. 곁의 곁 지키기를 개인이 실천하기는 버겁지만, 교회는 곁의 곁을 지키는 삶까지 확장해 갈 수 있다. 그럴 때 그리스도의 몸 된 교회는 더욱 건강하게 자랄 수 있다.

희망
_____

나무를 심는 용기
_____

_____

많은 사람이 평화를 이야기하지만, 계속되는 전쟁과 재해로 말미암아 지구 공동체는 고통과 두려움 속에 살아간다. 과연 우리가 사는 사회가 좀 더 나아졌는지, 평화로워졌는지, 안전해졌는지 물어보면, 그 누구도 선뜻 그렇다고 답변하지 못한다. 희망이라는 단어를 노래하기 힘든 시대가 되었다. 자연스럽게 근원적인 질문이 떠오른다. 이런 세상 속에서 하나님은 무엇을 하시는가? 교회는 어떠해야 하는가? 그리스도인이란 어떤 존재인가? 한두 마디, 아니 수만 마디를 한다고 해도 근원적인 물음에 답하기 어려운 시대를 살고 있다.

우리가 함께 모여 예배하고 찬양하는 것이 회복의 길이고 해답일까? 그렇다고 답하는 데에 점점 더 자신이 없어진다. 이런 세상 속에서 우리 그리스도인은 이 현상을 어떻게 읽어 가야 할까? 현상을 읽는 데는 제각각 전문가들의 몫이 있다. 국제정치학자들은 이스라엘-팔레스타인 전쟁의 양상이 미국과 중국, 러시아 등 강대국의 역학 속에서 어떻게 진전할지 전망한다. 기후 위기를 다루는 과학자들은 지구 온난화 현상에 대해 깊이 비관하며, 지금이라도 인류가 해야 할 역할을 촉구한다. 그렇다면 교회는, 그리스도인은, 이런 거칠기 그지없는 지구의 혼란상 속에서 무엇에 대해 고민을 하고, 해답을 찾아가야 할까? 한 걸음 더 나아가 무엇을 실천해야 할까?

이 장에서는 하나님의 부르심을 고백하는 그리스도인들이 신앙 안에서 생각하고 실천할 일은 무엇인지, 어떤 지점에 자리 잡아야 하는지 함께 고민해 보고자 한다.

신을
벗는 일

나는 누구인지, 무엇을 하고 있는지에 대한 근원적인 질문은 자아 존재감에 관한 질문이다. 자아 존재감, 곧 자존감은 힘겨운 오늘을 버틸 버팀목이 된다. 반대로 자존감이 낮아질 때면 하루하루 우리 삶의 의미를 잃어버리기도 한다.

현재 자신의 입지와 위치, 역할과 무관하게, 자아 존재감은 모든 이가 살아가면서 늘 씨름하는 문제이다. 모세는 스스로 이스라엘의 구원자가 되리라는 다짐을 마음 깊이 간직하고 있었다. 하지만 그가 그렇게 선한 의지를 품고 살아가던 삶은, 이내 자신의 의지와는 무관하게 광야로 쫓겨나 40년간을 없는 자처럼 살아야 하는 삶으로 바뀌었다. 세상의 관점에서 보자면, 그는 호화로운 이집트 왕자의 자리에서 더없이 초라한 양치기 목자의 자리로 내려왔다. 이 속에서 그는 자신이 소망하던 일, 이스라엘 구원이라는 하나님의 일을 할 수 없는 초라한 존재가 되었다. 그가 이집트에서 배웠던 웅변술은 말 없는 양떼 앞에서는 쓸모가 없어, 결국에는 말에 둔한 자가 되었다.

하지만 모세는 광야에서 겨우 뿌리내리고 살아가는 가시떨기나무 아래에서 비로소 하나님을 만났다. 하나님은 그곳에서 '모세야, 모세야' 하며 그를 불러 주셨다. 인간적으로는 실패한 땅, 불모의 땅, 절망의 땅에서 하나님은 모세를 만나 주셨다. 하나님이 그를 만나고 부르신 때와 장소는 모세의 의지와는 무관했다.

우리 존재가 쓰임받을 만한 장소, 쓰임받을 만한 때를 찾아가는 것이 인간 삶의 여정이라고 해도 지나치지 않다. 나의 직업이, 나의 일이, 나의 역할이 작게는 가정과 직장, 더 나아가서는 사회 속에 유의미하게 자리매김할 때 우리는 자신의 존재감을 느끼게 된다. 그리고 일생 우리의 존재감을 확인하기 위해 애쓴다. 쓸모, 쓰임새는 그렇게나 중요하다.

물론 신앙 안에서도 하나님으로부터 확인받는 존재감은 매우 중요하다. 그런데 신앙 안에서 우리가 찾아가는 존재감의 방식은 이른바 사회 속에서 찾아가는 것과는 분명 차이가 있다. 사회 속에서 우리의 존재감을 확인받기 위해서는 우리의 성취나 됨됨이, 자격이 중요하다. 그런데 하나님 앞에서는 오히려 그것이 하나님을 만나는 것을 방해하는 요소가 될 수도 있다. 왕자라는 지위와 이스라엘을 구원하고자 하는 선한 의지 속에 있었던 모세는 그 자리에서 하나님의 부르심을 받지 않았다. 의지할 만한 사회적 지위와 명성, 자신의 의지가 완전히 꺾인 자리에서 그는 비로소 하나님의 방문을 받았다. 하나님은 그런 모세를 찾아가서 인격적으로 만나 주셨다. 하나님을 만나는 그 장소가 '거룩한 땅'이 된다.

하나님은 이때 모세에게 신을 벗으라 하셨다. 신을 벗는 행위는 거룩한 성전에 들어갈 때 더러운 신을 벗는 행위를 연상시킨다. 또한, 당시 신을 신지 못하던 종의 신분을 나타내는 것이기도 하다. 신을 벗음으로 모세는 인격적으로 자기 삶에 다가오시는 하나님을 만났다. 왕자로서가 아니라, 광야를 떠도는 목자로서 하나님의 부르심을 받았다. 그래서 신앙을 역설이라고 한다. 우리가 준비되고 열정이 있는 그때에 하나님을 체험하고 그의 초청을 받는 것이 아니라, 아무런 자격이 없고 준비된 것이 없고 열정도 사라진, 현실의 소망이 사라진 바로 그때가 어쩌면 하나님의 부르심 앞에 진지하게 설 때인지도 모른다.

그래서 지금이 바로 은혜받을 때요, 지금이 구원의 날일 수 있다. 지금 이 자리가 거룩한 자리이다. 고단한 무릎을 일으켜 세워 한 걸음씩 걷는 지금 그 자리가 구원을 살아 내는 자리이다. 하나님이 머무시는 자리, 찾아오시는 자리는 현실과 동떨어진 그럴듯한 자리가 아니라, 우리가 가장 치열하게 살아가는 일상의 자리이다. 매일 똑같아 보이는 그 일상이 거룩한 자리이다. 일터의 스트레스, 가정의 분주함이 곧 하나님의 임재로 이어질 수 있는 거룩한 자리이다.

그때와 그 자리를 위해 우리가 매일 감당해야 할 몫은 마음을 새롭게 하는 일, 거룩하신 하나님 앞에서 신을 벗는 일이다. 그렇게 마음을 새롭게 하여 살아가는 하루는, 동일한 자리에 서 있을지라도 많이 다른 삶으로 변할 수 있다. 그 일상의 거룩을 살아 내야 한다.

부르심의
모순

이사야 6장은 선지자 이사야가 하나님의 부르심을 받는 장면을 그리고 있다. 이 장은 "웃시야 왕이 죽던 해에"라는 문구로 시작한다. 남유다의 웃시야 왕은 말년이 그리 아름답지 못했지만, 탁월한 군사 지도자로서 전쟁에서 승리해 국토를 넓히고 농경을 장려해 나라를 풍요롭게 만든 왕이다. 한마디로 웃시야 왕은 남유다를 강성하게 한 인물이었다. 유다 백성들에게 이런 웃시야 왕의 죽음은 의지할 대상이 사라지고 희망이 사라진 사건이다. 사람들은 두렵고 불안했다. 충분히 공감된다. 그들은 하나님의 기름 부음 받은 왕이 이 땅을 통치하며 이끌어 가는 주체라고 생각했기 때문이다. 의지할 대상이 사라지자 백성들의 마음은 불안해졌고, 그들의 입에서는 원망과 부정적인 소리가 나왔다.

이사야 역시도 입술이 부정한 백성 가운데 살면서 자신의 삶도 예외가 아니었다고 고백한다사 6:5. 우리는 희망과 절망을 사람들에게서 찾고 보곤 한다. 출애굽기를 보면, 지도자 모세가 하나님의 말씀을 받으러 시내산에 올라가서 자리를 비운 사이에 백성들이 두려움 속에서 금송아지 우상을 만들어 경배한 사건이 나온다. 그렇게라도 하지 않으면 마음속의 염려와 두려움이 사라지지 않았기 때문이다.

이사야 6장의 이 말씀은, 이 땅 역사의 주관자는 눈에 보이는 세상 왕이 아님을 일깨운다. 웃시야 왕이라는 세속의 통치자가 죽던 해에 이사야가 본 것은, 높이 들린 보좌에 앉아 계시는 하나님이었다. 보좌는 곧 통치를 의미한다. 실제로 이 땅을 통치하는 이는 왕이 아니라 하나님이시라는 것이다. 그의 옷자락이 성전에 가득 차 있었다는 것은, 하나님이 간여하시지 않고 통치하시지 않는 영역이 없다는 의미이다. 그 하나님은 만군의 주님이시고, 온 땅에 그의 영광이 가득하다.

이사야도 여느 사람들과 마찬가지로 웃시야 왕의 죽음 앞에 큰 혼란을 느꼈던 것 같다. 그래서 그는 기도하러 성전에 올라갔다. 그런데 그가 성전에서 마주한 하나님은 온 세상을 실제로 이끄시는 만군의 주님이셨다. 그 앞에서 이사야는 자신이 그간 쏟아 내었던 부정적인 말과 절망의 언어들이 기억나 큰 두려움이 밀려들었다. 그는 자신의 인간적인 생각을 깊이 회개했을 것이다. 그때 천사가 제단에서 타던 숯을 가지고 와서 이사야의 입술에 대며, 악이 사라지고 죄가 사해졌다고 선포했다. 이사야는 거룩하신 영광의 하나님께서 이 세상을 통치하시는 분임을 보고 믿게 되었다.

하지만 8절부터 13절까지는 급한 반전이 일어난다. 만군의 주요 높은 보좌에서 다스리시는 하나님께서 아쉬운 소리를 하신다. "내가 누구를 보낼까? 누가 우리를 대신하여 갈 것인가?" 어찌 보면 참 모순적인 상황이다. 온 세상을 다스리고 주관하시는 하나님께서 높이 들린 보좌에서 찾으시는 것은, 다름 아니라 이 땅에서 하나님의 통치를 구현해 줄 사람이다. 하나님의 그 광대한 통치는, 이 땅에서 하나님의 뜻을 받들어 구현해 내는 이 땅의 대리인을 통해 실현된다. 그 대리인은 웃시야 같은 세속 통치자가 아니었다. 오로지 하나님의 의도가 무엇인지, 무엇을 원하시는지 그 뜻을 이루어 드리고자 하는 종이었다.

이렇게 하나님의 뜻을 받들 사람을 간절히 찾으시는 모습 앞에서 이사야는 "제가 여기에 있습니다. 저를 보내 주십시오"라고 응답했다. 이 땅의 역사를 이끄는 주체는 왕이나 대통령과 같은 이 땅의 권력자들이 아니다. 때로는 무도한 권력자들의 횡포 앞에서 심한 무력감을 느끼기도 하지만, 역사를 이끄는 원동력은 하나님의 간절한 물음에 응답한 개인들이다. 역사에 기록되지 않고 이름조차 기억되지 않지만, 신실한 마음으로 하나님의 부르심대로 살아 내고자 하는 사람들이 역사 속에서 하나님 나라를 이어 온 주인공들이다.

그렇지만 이런 부름을 받은 현실이 녹록지 않다. 하나님은 이사야가 백성들에게 하나님의 뜻을 아무리 전해도, 백성들이 보고 듣고 깨달아 돌이키지 못한다고 하신다. 정말 처참한 현실이다. 한마디로 모든 수고가 무익해지는 현실을 맞이한다는 것이다. 사람들이 사라져 그들이 살던 도시가 황폐해지고, 곡식을 내던 밭은 풀 한 포기 자라지 못하는 거친 황무지가 되어 버린다고 말씀하신다. 그뿐만 아니라 사람들이 사방으로 흩어지고 버려지게 된다.

거룩한 하나님의 부르심을 받은 이사야가 맞이하는 현실은 이처럼 지독하게 모순적이다. 말을 전하라고 부름받았지만, 아무도 그 말을 귀담아듣지 않는다. 회개를 전하라 부름받았지만, 그 외침에 아무도 귀 기울이지 않는다. 유다 백성들이 그렇게 마음을 닫고 말씀을 외면한 결과, 그들은 흩어진다. 하나님의 말씀을 전한 이사야는 고난과 핍박을 받는다.

이 희망 없는 일들 속에서 하나님은 작은 소망을 말씀하신다. 밤나무와 상수리나무가 잘리더라도 그루터기는 남는다고. 그 그루터기에 붙어 있는 연약한 씨 하나가 회복을 이루는 토대가 된다. 연약한 새순이 그루터기에서 올라와 하나님 나라의 회복을 이끈다. 이 그루터기와 씨앗은 장차 오실 그리스도를 상징한다고 볼 수 있다. 아무런 희망이 없는 상황 속에서 한 연약한 아기로 이 땅에 오신 예수님, 그 예수님은 인간의 모든 악과 죄악을 짊어지고 고난받고 죽으심으로 우리의 구원이 되셨다. 이렇게 그리스도를 '고난의 종'으로 예표한 것이 이사야서를 관통하는 중요한 사상이다.

그렇다면 지금 우리는 어디에서 희망을 찾는가? 우리는 여전히 선하고 능력 있는 통치자에게서 희망을 찾고자 한다. 그렇지 못한 상황이 펼쳐지는 것 같으면 온통 마음이 시끄러워진다. 우리가 희망을 놓는 이유는 무엇인가? 밀물처럼 밀려드는 거대한 물결 앞에서 우리가 할 수 있는 일이 아무것도 없어 무력해 보이기 때문이다. 이 거대한 무력감에 압도되면, 우리의 선택지는 그저 자신과 가족의 안위를 챙기는 소시민의 삶으로 귀결된다. 하지만 이런 무도한 현실이, 우리 삶의 소극적 지향을 정당화해 주지는 못한다. 우리는 누구나 자기만의 십자가를 지고 주님을 따르도록 부르심을 받았기 때문이다. 그 부르심이야말로 우리가 어찌할 수 없는 현실의 여러 사건과 현상을 보고, 읽고, 관심 가지는 것만큼이나, 우리가 오늘 여기에서 할 수 있는 우리만의 몫을 감당해 나가야 하는 이유이다.

우리는 안다. 이사야가 그랬듯이, 우리의 수고가 그리 유의미한 열매를 맺기 힘들다는 사실을 말이다. 그리스도인은 지기 위한 싸움을 하는 사람들이다. 모두가 남을 이기고 넘어서는 데 마음이 가 있는 상황에서도, 스스로 낮은 자리에서 고난을 감내하고 그루터기와 씨름하면서 작고 연약한 순을 틔워 내려는 사람들이다. 사람들에게 주목받지 못하지만, 오직 하나님은 주목하시는 그런 삶, 이게 하나님의 부르심을 받은 우리가 가야 할 길이 아닐까. 세상은 권세 잡은 통치자들에게 희망을 만들어 내라고 요구한다. 하지만 진정 세상의 희망의 씨는 이 땅의 낮은 자리에 살아가는 우리 그리스도인들이 아닌가 싶다.

그렇게 뿌린 거룩한 씨가 언젠가는 자라서 희망을 가져

온다. 이사야 선지자는 이 그루터기에서 씨가 움터 자라난 열매인 예수님이 마음 상한 자를 고치고, 포로 된 자에게 자유를 주시고, 갇힌 자에게 석방을 선언하며, 슬퍼하는 모든 사람을 위로하고, 근심 대신 찬송을 주어 하나님의 영광을 드러내신다고 노래했다.

씨 한 톨의
희망 심기

이제 우리의 질문이 바뀌어야 한다. '이 세상에 희망이 있는가?'에서 '희망을 만들기 위해 우리는 무엇을 할 수 있는가?'로 말이다. 선지자는 그저 비관적인 현실에서 하나님의 말씀을 선포하는 자가 아니다. 참된 선지자는 베인 그루터기에서 희망을 보고 씨를 심는 사람이다. "누가 우리를 대신하여 갈 것인가?" 이 질문에 부정과 낙심의 언어가 아닌, 희망의 언어로 담대하게 고백할 수 있으면 좋겠다. "제가 여기에 있습니다. 저를 보내어 주십시오." 우리가 거룩한 부름을 받았다는 말은 어떤 의미일까? 아마도 거창한 것이 아니라, 희망의 씨를 뿌리는 걸음을 매일 신실하게 걸어가라고 부름받았다는 의미일 것이다.

1953년에 출판된, 프랑스 작가 장 지오노가 지은 《나무를 심은 사람*L'homme qui plantait des arbres*》이라는 소설이 있다. "엘제아르 부피에의 이야기"로도 알려져 있는데, 1988년 프레데릭 백이 단편 애니메이션 영화로 만들어 아카데미상을 받기도 했다. 이 이야기는 젊은 남성의 목소리로 진행된다. 1913년에 한 젊은 남성, 곧 이야기의 화자가 프랑스 프로방스를 지나 알프스로 하이킹 여행을 하던 중, 황량한 계곡에서 물이 다 떨어지고 만다. 화자는 물을 찾다가 한 중년의 양치기 부피에의 도움을 받고 그의 집으로 간다. 그가 왜 산중에서 외로운 삶을 선택했는지 궁금하던 화자는 며칠을 그와 함께 보낸다. 양치기 엘제아르 부피에는 아내를 잃은 후 도토리를 심고 숲을 일구어 고립되고 방치된 계곡의 황폐한 경관을 복원하기로 결심하고, 매일 땅에 구멍을 내고 도토리를 심고 있었다.

화자는 그곳을 떠나 고향으로 돌아가서 제1차 세계대전에 참전한 후 다시 부피에를 찾아갔다. 그는 그사이 작은 묘목이 계곡에 뿌리를 내리고 울창한 숲을 이룬 현장을 보고 놀랐다. 화자는 계속 변하는 계곡의 평화와 아름다움에 완전히 매료되어 매해 부피에를 방문했다. 프랑스 당국은 황량한 땅에 숲이 생긴 이유를 알지 못한 채 기묘한 자연 현상이라고만 생각했다. 하지만 부피에는 30년 넘게 계속해서 나무를 심었고, 마침내 계곡을 평화로운 에덴동산으로 만들었다. 화자는 친구인 정부 산림관에게 숲에 대한 진실을 말한다. 이 이야기는 가상의 이야기이다. 그럼에도 매일 희망의 씨를 뿌리는 사람의 이야기는 많은 이들에게 영감을 주었다.

〈방문객〉이라는 시로 익숙한 정현종 시인이 이 작품을 보고 쓴 〈한 하느님〉이라는 시가 있다.

나무 심는 사람 엘지아 부피에,
한 프랑스 작가가 알려 준 신인神人,
알프스 고지대 버려진 땅에
나무 심어 물을 내고 새들을 부르고
죽은 땅을 살려 생명을 붐비게 한
글 모르는 시골 사람,
세상일 아랑곳하지 않고,
말없이,
무엇보다도 말 같은 거 하지 않고,
심은 나무로만 말을 하고
흐르는 물로만 말을 하며
새들의 지저귐
피는 꽃들로만 말을 하는
한 하느님
사람의 모습을 한
한 하느님

소설 속 이야기이지만, 부피에의 일은 창조주가 하신 일을 닮았다. 그는 사람의 모습을 한 하나님이었다. 땅의 현실이 어떠하든 주어진 일을 하늘의 부름으로 여기고 감당하는 삶, 그것이 소명이다. 하늘과 소통하며, 뜻이 하늘에서 이룬 것같이 이 땅에서도 이루어지도록 하는 삶이다. 그것이 하나님 나라의 회복이다.

우리는 창세기 18장과 19장에 나오는 소돔성의 멸망을 잘 알고 있다. 아브라함이 자신을 방문한 천사들을 대접한 뒤 바래다 주려고 갈 때였다. 창세기 18장 20-21절에서 천사는 "소돔과 고모라에서 들려오는 저 울부짖는 소리가 너무 크다. 그 안에서 사람들이 엄청난 죄를 저지르고 있다. 이제 내가 내려가서, 거기에서 벌어지는 모든 악한 일이 정말 나에게까지 들려온 울부짖음과 같은 것인지를 알아보겠다"라고 전한다. 그리고 그곳 악인들의 행위가 너무 심각하여 그대로 내버려둘 수 없다고 한다.

아브라함은 조카 롯을 기억하고서, 의인을 악인과 함께 멸망시키는 것이 정당하냐며 하나님의 사자와 협상을 시도한다. 의인 50명을 찾으면 성을 용서하리라는 약속을 받는다. 소돔성을 잘 아는 아브라함은 소돔성에 그만큼의 의인이 없을 것으로 판단하고, 그 숫자를 필사적으로 깎았다. 45명, 40명, 30명, 20명, 마침내 의인 10명만 있으면 소돔성의 안녕을 보장받기로 약속한다.

하지만 소돔성의 실상은 훨씬 심각했다. 두 천사가 소돔에 이르렀을 때 롯이 소돔성 어귀에 앉았다가 그들을 집으로 불러 대접한다. 그날 소돔 주민들이 이들을 성폭행하려고 롯의 집에 모여든다. 쉽게 납득할 수 없는 방식이긴 하나, 롯은 자기 딸들을 대신 내어 주겠다고 한다. "이 남자들은 나의 집에 보호받으러 온 손님들이니까, 그들에게는 아무 일도 저지르지 말게"창 19:8. 당시에 사막 지대가 많은 그곳을 지나가는 나그네는 사회적으로 누군가의 보호를 받아야 생명을 유지할 수 있는 존재였다. 나그네를 지키라는 것은 사회적 약자를 향한 하나님이 명하신 뜻이다.

마태복음 25장 35절에는, 하나님이 창세 때부터 약속하신 하나님 나라를 상속받는 자에 대한 말씀이 있다. "너희는, 내가 주릴 때에 내게 먹을 것을 주었고, 목마를 때에 마실 것을 주었으며, 나그네로 있을 때에 영접하였고." 나그네를 영접하는 것은, 손님 대접하기를 힘쓰라는 단순한 윤리적인 권고를 넘어서는 일이다. 많은 학자들은, 소돔이 망한 죄의 이유가 동성애를 행한 데 있지 않고 가난한 자와 나그네를 대접하지 않은 데 있다고 해석한다. 에스겔서에는 그것이 분명하게 표현되어 있다.

양식이, 많아서 배부르고 한가하여 평안하게 살면서도, 가난하고 못사는 사람들의 손을 붙잡아 주지 않았다. 겔 16:49

소돔이라는 도시 공동체는 물질적으로 풍요했다. 그것이 죄는 아니다. 하지만 그 안에는 가진 자들의 횡포에 전부를 잃은 채 울부짖는 사람들도 존재했다. 그것은 죄가 분명하다. 그런데 소돔에서는 악이 얼마나 일상적이었는지, 가진 자들이 힘으로 약자를 괴롭히고 폭행하고 착취하는 것이 문제가 되지 않았다. 가난한 나그네가 들르자 그들은 나그네 곧 약자를 괴롭히고 폭행해도 된다고 생각하고, 생면부지의 사람을 성폭행하려고 몰려들 정도였다.

소돔의 실패는, 소돔이라는 도시 공동체가 추구한 물질적이고 현세적이고 쾌락적인 삶의 방식이 결코 하나님의 나라와 함께할 수 없음을 보여 주는 사건이다. 하나님의 나라는 땅의 성취와 누림에서 찾을 수 있는 곳이 아니다. 하나님 나라의 실현 여부는 우리가 사회적 약자와 가난한 자, 우리가 살아가는 환경에 대해 어떠한 태도를 가지고 어떠한 것을 실천하느냐에 달려 있다.

공동체가 악할지라도 거기에는 내 삶이 담겨 있다. 그렇기에 연대하는 건 목숨을 거는 용기였다. 공동체에서 내쳐질 수 있는 위험이 수반된다. 약자와 연대하겠다는 선택은 하나님의 나라에 대한 희망을 가질 때만 가능한 시도이다. 자기를 던져 넣을 의인, '나를 보내소서' 하는 소명자는 이 맥락에서 비로소 탄생된다.

우리는 하나님의 나라에 대해 많은 말을 한다. 그러나 가끔 '하나님의 나라'라는 말은 속이 비어 있는 언어처럼 느껴진다. 하나님의 나라는 함께 예배하고 찬양하는 나라가 아니다. 성경에서 약속한 하나님의 나라는 이리가 어린 양과 함께 살며, 표범이 새끼 염소와 함께 눕고, 어린아이가 그것들을 이끌고 다니는 나라이다. 이 나라에서는 욕망을 종교적 언어로 포장하지 않고, 다름을 교리적 잣대로 정죄하지 않으며, 가난을 하나님의 저주라고 폄하하지 않는다.

하나님의 나라를 거룩한 종교 어휘로만 머물게 해서는 안 된다. 이 땅을 하나님의 나라로 가꾸기 위해, 나그네가 압제받지 않고 가난한 자들이 괴롭힘당하지 않는 현실을 만들어 가려고 애쓰는 이들이 정당하게 쓰는 말이어야 한다. 그러기 위해서 우리는 많은 일을 하지는 못하더라도 우리의 마음이, 우리 삶의 실천이, 더 낮고 더 어두운 이들을 향하도록 해야 한다.

하나님의 나라를 실천하는 일은 본디 외로운 작업이다. 광야에서 메아리 없이 소리치다 사그라지기도 한다. 떨기나무의 불꽃도 사그라졌다. 우리네 사명은 그 현실을 알면서도 걸어가는 데 있다. 현실을 잘 알면서도 부피에처럼 도토리 씨를 심어 가는 것이 하나님 나라를 만들어 가는 일이다.

가난

경계를 향하여 걷기

기독교의 가장 놀라운 신비는, 인간을 위해 하나님이 사람이 되셨다는 데 있다. 교회는 인간이 되신 하나님, 그 예수 그리스도를 이 땅에서 따르는 그리스도의 몸이다. 예수 그리스도의 삶의 방식이 곧 교회가 추구하고 그리스도인들이 추구해야 할 삶의 방식이 된다.

신이 한 아기가 되어 이 땅에 오신 그리스도의 신비를 가장 잘 설명해 주는 구절 중 하나가 빌립보서 2장 6-8절이다.

예수님은 본래 하나님의 모습을 지니고 계시며 하나님과 동등한 분이시다. 이 땅을 창조하고 다스리시는 창조주이시다. 그분 외에 다른 새긴 우상을 두어서는 안 되는 그런 존재이다. 그런 절대자 하나님이 자신을 비우셨다. 우리의 속된 언어로 표현하자면, 가장 강력한 권력의 자리를 스스로 박차고 나오신 것이다. 그에 따른 모든 특권을 포기하고 인간의 모습으로 오셨다.

그런데 인간 중에서도 심지어 종이 되셨다고 한다. 고대 사회에서 종은 인권, 즉 한 주체로서의 인격을 가지지 못했다. 사람의 수를 계산할 때도 종은 당연히 포함되지 않았다. 종은 주인의 소유물에 불과했다. 계급 사회에서 종의 자리에 선다는 것은, 스스로 아무것도 소유할 수 없고, 주체적으로 선택할 수도 없고, 철저히 주인에게 복종해야 한다는 의미이다.

자신을 비운 복종의 끝은, 죄인 된 인간들을 대신하여 죽으시는 십자가였다. 교회는 빌립보서에 표현된 예수님의 삶과 가르침 위에 세워졌다. 교회 형성 초기부터 교회는 가난과 순결, 순종의 삶을 3대 미덕으로 강조했다. 스스로를 비운 청빈한 삶, 세상의 욕망에 기웃거리지 않는 순결한 삶, 모든 권력을 포기하고 오직 하나님께만 복종하는 순종의 삶 말이다.

예수님이 태어나고 활동하시던 당시 지중해 세계를 지배하던 로마 제국은 그 반대의 터 위에 세워졌다. 제국은 강력한 자원을 바탕으로 하여 무력으로 영토를 넓혀 갔다. 지배 카르

텔을 형성하기 위해 정략결혼과 수많은 성적 부도덕이 행해졌다. 모든 길은 로마로 통한다는 말처럼 모든 권력은 로마에 집중되어 있었다. 로마 제국은 이 터 위에 로마의 평화, 팍스 로마나*Pax Romana*를 실현했다. 이런 삶이 비단 로마 제국에만 해당하지는 않는다. 돈, 성, 권력, 이 세 가지는 모든 제국이 작동하는 공통의 방식이었다. 그래서 기독교 영성가인 리처드 포스터도 《돈, 섹스, 권력》이라는 책에서 인간 사회가 작동하는 가장 강력한 요소인 이 세 가지를 다룬 바 있다.

흥미롭게도, 예수 그리스도의 삶을 따르는 초대교회가 강조하던 청빈, 순결, 순종이라는 세 가지 요소는 돈, 성, 권력과 정확하게 대응된다. 돈에 대해 가난을 강조하고, 성의 문제에서 순결을 강조하고, 권력에서 복종을 강조한다. 이러한 교회의 방식은 로마의 방식으로 추구하는 평화인 팍스 로마나와 달리 '팍스 크리스티*Pax Christi*'라고 부른다.

예수 그리스도께서 의도한 교회의 작동 방식은 로마 제국으로 대표되는 세상의 작동 방식과 분명히 달랐다. 그러니 그리스도의 평화가 무엇인지 알기 위해서는, 반대로 돈과 성과 권력에 대한 그리스도인의 관점을 고민해 볼 필요가 있다.

가난과
교회

가난을 좋아할 사람은 아무도 없다. 우리는 예수 믿고 이 땅에서도 복받는 삶에 대한 구호에 익숙하다. 가난이 하나님의 저주라는 것도 동의하기 힘들지만, 가난을 하나님의 복이라고 하는 것도 동의하기 어렵긴 마찬가지이다. 자본주의의 첨단을 살아가는 우리에게 돈은 선택이 아닌 필수이다. 최소한의 품위를 유지하기 위해서는 반드시 돈이 필요하다.

성경에서도 돈의 문제를 간과하지 않는다. 마태복음 20장에 포도원 이야기가 나온다. 한 포도원 주인이 하루 한 데나리온씩 주기로 하고 포도원에서 일할 일꾼을 구했다. 9시, 12시, 3시, 5시에 각각 일꾼들이 들어와 일을 했다. 일을 마치고 정산할 때, 주인은 마지막 5시에 와서 달랑 한 시간 일하고 돌아가는 사람에게도 동일하게 한 데나리온을 주었다. 그러자 먼저 온 사람들이 불공정하다며 불평하기 시작했다. 주인이 모두에게 동일한 급여를 준 것은, 그 금액이 그 사람이나 가족이 먹고사는 데 필요한 최소한의 돈이었기 때문이라고 해석하기도 한다. 현대 사회에서 최소 생계를 유지할 수 있도록 국가가 배려하는 방식도 이와 같다. 그래서 캐나다 같은 국가에서는 복지 혜택으로 개인이나 가정이 살아가는 데 필요한 최소한을 보장해 준다.

개인이나 가정의 차원을 넘어 사회나 조직의 관점에서도 돈의 중요성은 더는 말할 필요가 없다. 그럼에도 예수님의 삶은, 돈에 대해서 조금 다른 생각을 보여 주는 듯하다. 돈으로 대표되는 물질에 대한 욕구는 예수님이 마귀로부터 받은 가장 첫 번째 시험이었다. 돌을 빵으로 만들라는 요구는 하나님의 아들인 예수님의 능력을 활용하여 돈을 만들라는 요구였다. 만약 가난하고 헐벗은 사람들 앞에서 돌을 떡 덩이로 만들 수 있다면, 그것만큼 선한 일이 어디 있겠는가. 예수님은 돈의 존재, 떡의 존재를 부정하지 않으셨다. 그렇지만 빵을 만들지 않고 "사람이 빵으로만 살 것이 아니라, 하나님의 입에서 나오는 모든 말씀으로 살 것이다"마 4:4라고 대답하셨다.

예수님이 본격적으로 하나님의 일을 시작하시기 전에 겪은 이 시험은, 예수님이 의도한 공동체가 돈을 어떻게 여겨야 하는지 보여 준다. 실제로, 스스로 하나님의 모습을 모두 비우신 예수님은 아무것도 가지지 않는 삶을 사셨다. 예수님은 이 땅에 머리 누일 집조차 없었다. 제자들을 불러 전도 여행을 보낼 때도 돈주머니나 두 벌 옷을 가지고 가지 못하게 하실 정도로 철저하게 가난한 삶을 강조하셨다. 가난하게 청빈하게 산다는 것은 굶주리지만 않을 정도로, 재물에 과한 욕심을 부리지 않는다는 의미이다.

이 땅에 살아가는 한 돈과 무관하게 살 수 있는 사람이나 공동체가 있을까? 돈이 어떤 일을 하거나 하지 못하는 데 중요한 요인이라는 점은 부인할 수 없다. 돈에서 자유로운 사람이 몇이나 될까? 어느 교회에서 교우들과 기도 제목을 나누는데, 대부분은 돈만 있으면 바로 이루어질 수 있는 것이었다는 말을 지인에게 들은 바 있다. 우리 역시 다르지 않겠다.

그렇다면, 로마 제국의 작동 방식과 그리스도 교회의 작동 방식은 돈에 관해 어떤 차이를 보일까? 여기에서 생각해 보고 싶은 것은 '영향력의 덫'이다. 돈이 그만큼 중요하기 때문에, 교회라는 그리스도의 공동체에서도 무엇인가를 결정하는 가장 중요한 요소가 되기 쉽다. 그러나 성육신하신 예수님의 태도와 삶은, 교회의 방식은 분명히 달라야 함을 보여준다. 빵만으로가 아닌 하나님의 말씀으로 살아가는 방식은 무엇일까?

역사 속에서 구현된 교회의 모습을 보면, 이런 예수님의 요구는 불가능한 요구였던 것처럼 보인다. 그리스도의 평화를 외치지만, 실제로 교회는 로마 제국의 힘과 영향력에 의거한 평화를 보여 주었다. 돈에 관해서도 그러했다. 돈이 중요한 만큼 교회는 돈을 잘 관리하고 잘 써야 한다는, 가장 평범한 논리를 내세웠다. 돈은 단순히 물건을 사고파는 매매의 수단이 아니라, 그 자체가 하나의 영향력을 가진다. 교회가 돈을 가진다는 것 역시도 그렇다. 돈이 있어서 교회는 더 많은 구제를 할 수 있고, 더 좋은 일을 할 수 있다. 그리고 그런 일을 통해 영향력을 얻는다. 세상은 유전무죄 무전유죄를 외치고, 그 논리는 교회에서도 크게 달라지지 않는다. 교회 공동체 내에서도 이른바 직분자의 자리를 얻기 위해서는 돈이 중요하다. 심지어는 목회자의 자리가 돈으로 매매되는 일도 더는 낯설지 않다.

상황이 이러하므로 청빈의 가치, 가난의 가치를 얘기하는 것은 비현실적인 공상 같아 보인다. 그러나 예수님은, 교회가 세상의 논리나 자본의 논리를 따라 흘러가서는 안 됨을 보여 주셨다. 자본을 보유함으로 인해서 생기는 영향력, 그것이 교회에 덫이 될 수 있다. 교회에 빵이 많이 있어야 사회를 더 잘 섬길 수 있다는 영향력의 덫은 제국의 방식이지 교회의 방식은 아니다.

가난,
다스리는 권세 포기하기

그렇다면 예수님의 방식은 무엇일까? 예수님이 일하시는 방식을 드러내는 사례가 있을까? 빵 다섯 개와 물고기 두 마리로 예수님을 찾아온 사람들을 배불리 먹이신 사건을 한번 생각해 보자. 이른바 오병이어의 기적이라고 불리는 이 사건은 흔치 않게 사복음서 모두에 기록되어 있다. 공관복음서로 알려진 마태, 마가, 누가복음에는 세례 요한이 무법한 헤롯 정권에 의해 목 베임 당해 죽은 사건에 뒤이어 이 사건이 나온다.

　세례 요한은 광야에서 외치는 자의 소리로, 어두운 시절 이스라엘 백성들의 영혼에 각성을 촉구한 인물이다. 그의 메시지를 듣고 수많은 사람이 요단강으로 몰려와 세례를 받았다. 이스라엘이 식민지 백성으로서 배고프고 암울하던 시절에, 그의 메시지는 하나님에 대한 잃어버린 희망과 이스라엘의 회복을 다시금 꿈꾸게 했다. 하지만 그는 옥에서 허망한 죽음을 맞았다. 그 충격은 너무 컸다. 그의 죽음 소식을 들은 예수님이 홀로 빈 들로 가셨을 때 사람들이 예수님께 몰려들었다. 길을 묻기 위해서였겠다. 예수님은 목자 잃은 양과 같은 그들을 보고 불쌍히 여기셨다. 무리 중에 병든 자를 고쳐 주시고, 말씀을 전하셨다.

　어느새 날이 저물었다. 그들이 있던 곳은 빈 들이었다. 제자들은 무리를 마을로 보내어 각자 먹을 것을 사 먹게 하자고 제안했다. 이 제안에 예수님은 "그들이 물러갈 필요 없다. 너희가 그들에게 먹을 것을 주어라"마 14:16라고 하셨다. 그렇지만 제자들이 찾은 것은 빵 다섯 개와 물고기 두 마리가 전부였다. 이런 현실을 마주한 제자들의 마음은 초라했을 것이다. 그들은 불의한 일을 행하는 헤롯 왕 앞에서 의인 세례 요한을 구해 낼 정치력도 없었고, 마음 둘 곳 없이 흩어져 고뇌하는 사람들에게 한 끼 배불리 먹일 만한 돈도 없었다.

　제자들이 서 있던 자리는, 힘으로 무고한 사람을 죽이는 불의한 정권 앞에 속수무책으로 당하고, 돈이 없어 사람들을 먹이고 싶어도 그러지 못하는 무력함의 자리였다. 그런데 그 자리가 바로 하나님이 일하시는 자리였다. 하나님의 나라는 권력이나 재력에 기반해 형성되지 않았다. 이 땅에 이루실 하나님의 나라는 모든 힘의 근원인 예수님의 자기 비움에서 비롯되었다. 스스로를 비워 아무것도 소유할 수 없는 종이 되는 것이 하나님의 방식이었다.

이것은 교회가 일하는 방식이기도 하다. 예수님이 산상수훈에서 가난의 축복을 설파하시고, 초기 공동체가 청빈을 추구했던 것은, 가난이 미덕이어서가 아니라 하나님의 나라는 세상의 기준과 가치에 따라 움직이지 않는다는 사실을 보여주기 위해서였다. 물질이 위로가 되고 권력이 되는 상황에서는 이렇게 살아가는 삶 자체가 큰 저항이다. 그래서 초기 기독교회 공동체는 서로 나누고 구제하는 삶을 살았다. 교회는 온정주의를 가지고 위에서 아래로 시혜를 베푸는 자리가 아니라, 상호 의존하며 살아가는 자리에 섰다. 그 교회에 은과 금은 없었지만, 나사렛 예수 그리스도의 이름으로 예수님의 가르침을 실천했다. 초대교회는 물질적·정치적으로 가난했지만, 하나님 나라를 확장하는 데는 그것이 어떠한 걸림도 되지 않았다. 가진 것이 없어서 자신들의 의를 내세울 수 없었다. 가난했기에 성령을 의지했다. 가난했기에 오병이어로 수만 명을 먹이는 역설적인 기적을 경험했다.

가난은 중의적이다. 돈이 없다는 것은 돈이 주는 편리함을 포기한 것인 동시에, 돈이라는 재화가 주는 권력을 포기한 것이기도 하다. 예수님이 강박처럼 물질에 대해 비움의 태도를 보이신 이유는, 물질이 하나님의 역할을 대체하는 힘을 가지고 있기 때문이다. '돈이 있어서' 혹은 '돈이 없어서'를 이유로 삼으며 물질이 가지고 있는 영향력의 덫에 걸리면, 더 많은 일 더 큰 일을 하기 위해 규모를 늘리는 것 외에는 선택지가 없어진다. 그 자리는 세상의 여느 자리와 다르지 않다. 예수님의 교회는 그렇지 않음을 보여 주려고 무모하게 시도하는 장소이다. 가난을 선택하였기에 시대의 흐름을 거스를 수 있다. 영향력의 자리에서 스스로 내려오는 것이 가장 큰 저항이다.

이천 년 교회 역사 속에서, 교회는 영향력의 덫에 걸린 적이 많다. 기독교가 공인되면서 힘을 갖게 되자 그에 대한 저항으로 모든 것을 버리고 사막으로 들어간 수도사들이 있었다. 핍박받던 기독교가 황제의 공인을 받은 승리의 때, 기쁨의 때, 바로 그때에 많은 그리스도인들은 위기를 직감했다. 복음의 가치가 세상의 가치와 섞여 그리스도의 가르침이 변질될 수 있음을 우려했다. 그런 사람들이 세상을 버리고 사막으로 가서 은거했다. 그들은 세상에 대한 경멸contemptus mundi을 내세웠다. 자발적으로 사막으로 걸어 들어간 은둔자들에 대한 평가는 극과 극으로 나뉜다. 혹자는 그들을 세속에서 도피하여 기독교의 가치를 떨어뜨린 도피주의자라고 하고, 혹자는 세속화로부터 교회를 지킨 삶의 모범을 보인 사막의 영웅이라고 한다.

교회의 가치가 제국의 가치와 조화롭게 공존하기란 쉽지 않다. 세상의 가치는 육체의 욕망을 신으로 삼는다. 교회의 가치는 그 욕망을 본받지 말고 하나님의 기뻐하신 뜻이 무엇인지 분별하라고 한다. 종교는 이 둘 사이의 긴장을 유발한다. 그래서 고민하고 기도하게 만든다. 이 긴장이 사라지는 순간, 종교는 신앙의 이름으로 인간의 욕망을 정당화한다. 세상에서 얻는 성취를 하나님의 보상과 축복이라고 여긴다.

현실의 교회 공동체는 세상에 존재하는 시대의 구성물로서, 경배의 대상이자 동시에 경멸의 대상이다. 역사 속의 교회는 세상의 욕망과 세상의 논리에 맞서서 그리스도의 가르침이 무엇인지 제시하는 저항 공동체 역할을 하기도 하고, 철저하게 세상의 법칙과 논리를 옹호하기도 했다. 현대 교회는 세상을 섬긴다는 명분으로 세상이 규정하는 규칙을 철저하게 따라 살며, 그 속에서 성취하는 것을 정당화하는 데 익숙해졌다.

12세기 교회가 유럽에서 가장 큰 부와 권력을 차지하게 되었을 때, 프란치스코 같은 이는 자신의 모든 소유를 가난한 사람에게 나누어 주고 무소유를 실천하며 살아가는 저항의 방식을 보여 주었다. 그들은 '사도적 청빈apostolic poverty'이라고 부르는 운동을 펼쳤다. 예수님의 제자들처럼 은과 금이 없는 삶을 실천하자는 의미였다. 그 당시는 원시 자본주의가 생성되던 시기였다. 교회도 세상의 흐름을 그대로 따라갔지만, 모두가 그 길에 동조한 것은 아니었다. 프란치스코 수도회처럼 급진성을 띤 수도회가 사람들의 큰 호응을 받자, 교회는 스스로 돌아보게 되었다.

> 문제는 그리스도께서 가난했느냐 가난하지 않았느냐에 있는 것이 아니라, 교회가 청빈해야 하느냐 그렇지 않아도 되느냐 하는 데 있다. '가난'의 의미는 궁전을 가지고 있느냐 가지고 있지 않느냐에 있는 것이 아니고, 이 땅의 일에 대해 다스릴 권리를 갖느냐 포기하느냐에 있는 것이다.
>
> 움베르트 에코, 《장미의 이름》, 이윤기 옮김, 열린책들, 2011, 621.

16세기 종교개혁은 또 다른 의미에서 가난에 대한 재해석을 가져왔다. 종교개혁기와 근대 자본주의의 형성은 같이 이루어졌다. 막스 베버 같은 학자는 개신교의 윤리와 자본주의 사이에 비슷한 점이 있음을 지적했다. 구원받은 자는 이 땅에서 성실히 일하는 삶을 살아야 한다는 개신교의 윤리관은, 곧 열심히 일해 부자가 된 사람들은 하나님이 축복하신 자라는 인식으로 이어졌다. 교회와 돈 사이의 긴장이 사라졌다. 교회는 많은 재산을 바탕으로 큰일들을 했다. 큰 교회가 더 큰 책임감을 가진다는 인식도 자연스러웠다. 미자립 교회는 자연스럽게 자립을 추구하고, 자립한 교회는 더 큰 선한 영향력을 위해 더 큰 교회가 되어야 했다. 그렇게 한국 교회는 성장했다. 그 배경에는 돈이라는 자본이 주는 힘이 자리 잡았다.

가난의
복

적어도 지금 우리는, 그 규모의 영향력이 곧 하나님 나라의 확장이라는 사고방식에 의문을 가지고 있다. 규모를 통해 영향력을 과시하는 것은 제국의 방식이다. 이러한 사고가 도전을 받고 있다. 그렇다면 이제 우리는 잠시 멈추어 서서 다시 고민해야 한다.

기독교는 이성과 합리를 초월한 신비를 강조한다. 그것이 맞다면, 우리는 이성과 합리, 세상의 가치와 사고방식을 따르지 않는 무모함, 불가능으로의 요구를 자신에게 던질 수 있어야 한다. 교회 스스로 가난한 삶을 선택함으로써, 더 이상 교회의 일과 역할을 하는 데 규모의 핑계를 대지 말아야 한다. 오병이어밖에 없는 초라한 현실 때문에 우리는 "이렇게 많은 사람에게 그것이 무슨 소용이 있겠습니까?" 물을 수 있지만, 예수님은 "너희가 그들에게 먹을 것을 주어라"라고 말씀하신다. 자본주의 세계 안에서 살아가는 우리이지만, 적어도 교회에서만은 자본의 논리보다는 예수님의 논리가 작동했으면 좋겠다. 가난하기 때문에 서로를 다독이고, 공감하고, 북돋을 수 있는 그런 삶을 추구하면 좋겠다. 가난하기 때문에 단순한 삶을 실천하면 좋겠다. 그것이 소비주의 시대의 한복판에 사는 우리의 작지만 울림 있는 저항이다.

산상수훈에서 그리스도는 가난의 복을 가르쳤다. 마태복음 5장 산상수훈의 메시지가 우리가 어떠할 때에 진정한 복을 받는지에 대해 말씀해 준다면, 마태복음 25장에서는 하나님께 복을 받아 그 나라를 상속받을 자들은 무엇을 실천해야 하는지 비유를 통해 얘기해 준다. 복을 받은 사람들은 예수님이 주릴 때 먹을 것을 주었고, 목마를 때에 마시게 하였고, 나그네 되었을 때 영접해 주었고, 헐벗었을 때 옷을 입혔고, 병들었을 때 돌보았고, 옥에 갇혔을 때 찾아갔던 사람들이다. 정작 그들은 그 같은 일을 한 기억이 없었다. 예수님은 "너희가 여기 내 형제자매 가운데, 지극히 보잘것없는 사람 하나에게 한 것이 곧 내게 한 것이다"라고 말씀하셨다. 하나님 나라는 분명 크고 영광스러운 것이지만, 그 나라를 상속받는 비밀은 이 땅 가장 주변에 있는 낮은 자를 예수님처럼 대할 때 얻는다는 것이다. 구원이란, 하나님의 손길이란, 실제로는 낮고 작은 곳에 있다.

교회는 늘 세상의 구원과 하나님 나라, 그의 통치 등과 같은 거대 담론을 얘기해 왔지만, 현실의 우리는 지금 세상으로부터 외면받고 있다. 구원이라는 기독교의 핵심 가르침이, 실제로는 이 세상 전부를 이기고 정복하는 패권적인 이데올로기로 둔갑하곤 했기 때문일 것이다. 손쉽게 읊조리던 '진리'나 '진리를 지킨다'는 표현도 자신의 정당성을 위한 발로로 인식되어, 그 누구도 귀 기울이지 않게 되어 버렸다. 교회가 진지하면 진지할수록 세평은 더욱 신랄하고 냉소적이다. 서글픈 현실이다.

그러나 누구를 탓하겠는가. 이미 다원화된 사회의 공기를 맡고 살아가고 있음에도 다원화, 다원주의라는 말만 나와도 알레르기 반응을 보이고 경기를 일으키는 허약한 기독교 문화가 축적된 결과인 것을. 이런 문화는 낯선 것, 다른 것, 작은 것도 하나님의 진리를 담을 수 있다는 가능성을 부정한다.

그러면 기독교적 가치란 무엇일까? 마태복음 25장이 그려 주는 복을 받은 사람들, 즉 진정한 기독교의 가치를 소유한 사람들은, 자기 자신에게 머물지 않고 주변의 낮은 자, 작은 자를 향하는 삶을 추구한다. 그 삶은 우리의 이웃을 만들어 가는 삶이다. 뭔가 기댈 수 있거나 알아 두면 좋을 만한 여지가 있는 사람들을 찾아 이웃 삼고 싶은 것이 우리의 성정이다. 그러나 주리고 목마른 사람, 낯선 사람들을 찾아가는 건 불편한 일이다. 그래서인지 군중은 있지만 사람은 잘 보이지 않는 시대가 된 듯하다. 인간의 가치를 차별 없이 인정하라는 요구가 사회질서를 무너뜨리는 위험한 사상처럼 취급되기도 한다. 진정으로 잘 사는 것은, 물질적 풍요를 넘어서고, 됨됨이에 무관하게, 모두가 공평하게 인간다운 대접을 받고 살아가는 것이다.

기독교의 가치를 내세우지만, 만약 그 가치가 작고 낯선 것에 대한 무례로 이어진다면 차라리 그 가치를 포기하는 것이 나을지 모른다. 그건 어쩌면 진정한 하나님의 진리가 아니라 종교의 외피를 입은, 실패한 세속주의의 가치일 것이다. 신적 진리는 교회라는 공간이나 교리 속에서 발견되는 것이 아니다. 가장 작은 자에게 한 것이 그리스도에게 한 것이라는 말은, 적극적으로 해석하자면, 하나님은 작고 보잘것없다고 여겨지는 자들과 함께하시고 그들을 '편애'하신다는 것이다. 비록 우리의 정서에 버겁고 불편하더라도 그런 가치에 동의하고 그 가치를 추구하는 것이 의에 주리고 목마른 삶일 것이다.

우리가 추구하는 공동체의 목표는 그리 거창하지 않다. 인간을 물질로 치환하여 바라보지 않는 것, 세속적 욕구를 종교적으로 정당화하지 말고 우리 욕망의 자리를 인식하고 우리가 사랑하는 것이 무엇인지 고민하며 서야 하는 자리를 돌아보는 것이다. 우리가 진정 욕망하고 사랑해야 할 것이 무엇인지를 살펴보고 사랑을 연습하는 것이다. 포기하지 않고 지향해야 할 인간다움이 무엇인지 고민해 가는 것이다. 무의미해 보이고 작아 보일지라도, 그 나약한 몸짓이 있는 곳이 하나님이 함께 자리하는 장소이다.

작은 곳에 계시는 하나님을 기대할 수 있으면 좋겠다. 청빈한 삶에 대한 다짐은 내가 물질적으로 욕심부리지 않겠다는 의미를 넘어 가난하고 소외된 편에 서겠다는 결단이다. 경계에 있는 이들을 위해 경계로 나아가는 삶이, 바로 가난이 우리에게 제시하는 사명이다.

언제나 가난 — 경계를 향하여 걷기

예언

죽은 예언자의 교회

종교의 쓸모는 복잡한 현실 세계 속에서 살아갈 수밖에 없는 이들에게 그 너머의 세계와 가치를 제시하는 데 있다. 오늘날 한국 사회가 교회에 요구하는 것도 이것이지 않을까. 이성과 과학 만능의 사고가 지배하는 21세기에 종교가 마주한 가장 큰 도전은 포스트모더니즘이나 과학, 이성이 아니다. 만약 그런 것이었다면, 기독교는 18세기 계몽주의와 과학혁명의 시대에 이미 소멸했어야 한다. 기독교를 포함하여 종교가 마주하는 가장 근원적인 도전은 이 사회 속에서 종교만이 할 수 있는 역할 영역을 찾지 못하는 데 있다. 다시 말하자면, 종교가 보여야 할 예언자의 소리가 사라진, 퇴화된 사회적 감수성이 가장 큰 도전을 일으킨다.

그런데 교회가 마주한 도전의 원인을 이와 다르게 진단한다면, 해법도 달라질 수밖에 없다. 만약 교회가 마주친 도전이 정말 진화론이나 동성애, 포스트모더니즘과 같은 외부적 요인이라면 그 진단에 맞는 대응을 해야 할 터이다.

사사화된
신앙

예를 들어, 진화론이 교회에 미치는 영향이 막대하여 청년들을 교회에서 떠나게 하는 요인이라고 여긴다면, 이름을 어떻게 붙이건 간에 '창조 신앙'을 강조하게 된다. 충분히 이해되는 현상이다. 그러나 선과 악을 가르듯 둘을 선명하게 구분하는 이 방식은, 교회를 정화된 청정 공간이 아니라 그 어떤 생명도 스스로 유지할 수 없는 무균실로 만드는 결과를 낳는다.

진정한 창조 신앙은 서로의 공존과 평화, 돌봄을 추구한다. 그런데 진화에 대한 반대라는 당위는 역설적이게도 가장 반창조적인 방식으로 표현된다. 교회가 그토록 거부한다는

'진화론적' 사고가 오히려 교회 안에 넘쳐난다. 오늘날 교회의 생존 방식은 적자생존, 약육강식 같은 사회진화론을 근거로 한다. 교회에 해가 되는 것은 비판뿐만 아니라 적극적으로 몰아내어, 교회를 안전한 지대로 만들어야 한다는 사고가 팽배하다. 사회진화론에 기반하여 사회적 약자들을 도태된 존재로 취급하며, 교회라는 경계 안에 들어올 만큼의 가치가 없다고 생각한다.

이렇듯 진화론적 사고방식에는 우리와 타자를 엄격하게 구별하는 배타성이 내재되어 있다. 진화론이라는 단어 대신에 다른 단어들, 곧 동성애나 포스트모더니즘 등을 넣어도 패턴은 비슷하다. 논쟁 양상은 다른 듯하지만, 모두 하나의 흐름에 연결되어 있다.

그렇다면 교회는 세상의 이런 도전에 어떤 대응을 하고 있는가. 자명한 과학적 상식을 부정하고 엄연히 존재하는 이웃을 지우고 배타하는 행위를, 미래 세대와 다음 세대를 보호한다는 추상적인 명제를 담보 삼아 정당화하고 있다. 전형적인 공포 마케팅이다. 오늘의 교회는 자신들을 보호하고 지키며 그 안에서 번성을 추구하는 공간이라는 한계에 갇혀 있다.

이로써 기독교는 지극히 사사로운 영역의 것으로 빠르게 전환되고 있다. 그들이 속한 사회와 교감하는 역할을 한다는 종교적 의미를 부여하기에는 무언가 많이 어긋나 있다. 종교가 개인화되면, 종교는 타자를 위한 방편이 아니라 자기 이익을 추구하고 지키기 위한 수단으로 전락하게 된다. 종교를 수단으로 삼아 각자 개인적인 필요를 충족시킬 무언가를 추구한다. 홈쇼핑을 하듯 여러 유명 목회자들의 설교를 인터넷에서 취사선택해 듣고 종교적 욕구를 충족한다. 물론 이런 현상은 어제오늘의 일이 아니며 바람직한 모습도 아니지만, 어제의 종교는 차치하고라도 오늘 개인화된 종교의 모습에 관해서는 여러모로 생각할 여지가 있다.

종교란 마지막으로 찾아갈 희망의 공간인지도 모른다. 그러니 종교는 나를 안전하게 보호하는 공간이어야 한다. 교회는 여러 두려움과 고민 속에 지친 이들을 보호하고 평안을 찾도록 위로할 수 있어야 한다. 그것이 종교의 역할임은 분명하다. 다만, 여기에서 필요한 건 역지사지의 자세이다. 자신이 대우받고자 하는 만큼 남에게 동일한 대우를 하는 것 말이다. 그리스도를 왕으로 모시는 교회에 제사장의 역할만이 아니라 예언자의 쓸모가 요구되는 이유가 여기에 있다. 제사장이 교회 내부를 향한 다독임을 말한다면, 예언자는 타자에게 시선을 향하도록 요청한다.

구약에서 하나님의 기름 부음을 받은 이는 왕과 제사장, 예언자였다. 예언자란 미래의 일을 예언하는 자가 아니라, 하나님의 뜻을 알고 그것을 전하는 자이다. 예언자 이사야는 하나님의 기름 부음을 받은 이가 해야 할 역할을 말한다. 이사야 61장 1-2절은 하나님의 뜻을 아는 자들이 하는 일이 무엇인지 분명하게 전하고 있다.

주님께서 나에게 기름을 부으시니, 주 하나님의 영이 나에게
임하셨다. 주님께서 나를 보내셔서, 가난한 사람들에게 기쁜
소식을 전하고, 상한 마음을 싸매어 주고, 포로에게 자유를 선
포하고, 갇힌 사람에게 석방을 선언하고, 주님의 은혜의 해와
우리 하나님의 보복의 날을 선언하고, 모든 슬퍼하는 사람들을
위로하게 하셨다.

그가 보냄받은 자리는 가난하고 상한 마음을 지닌 사람
들, 포로로 잡히고 갇힌 사람들이 있는 곳이었다. 사회적 약자
라고 표현해도 무방한 이들의 곁이 바로 예언자가 서야 하는
자리여야 한다. 그들에게 전하는 자유와 해방의 기쁜 소식이
예언자의 언어여야 한다. 불공정한 사회 구조 속에서 최소한의
인간다운 삶조차 누리지 못하여 가난에 허덕이고 그로 인해
마음이 상한 사람들이 예언자가 다가갈 대상이다. 예언자의
시선은 통치자의 정치적인 이해관계 때문에 타의로 전쟁에 나
갔다가 포로로 잡혀 무력한 날을 보내는 이들을 향해 있어야
한다. 그리하여 불의한 통치자를 꾸짖고 하나님의 보복을 선
포하여, 슬픔에 빠진 자가 위로를 얻을 수 있게 해야 한다.

비판 의식과
저항 정신

예언자의 정서는 사회적 약자를 향한 배려이자 불의한 사회 구조에 대한 저항과 비판 정신과 연결된다. 우리가 살고 있는 이 시대에는 종교가 예언자의 자리에 서는 일이 희귀하다. 수많은 평범한 사람들이 흘리는 억울한 눈물을, 종교가 과연 닦아 주고 있는가. 그 탄식의 소리에 귀를 기울여 듣고자 하는가. 세월호가 침몰한 지 10년이 지났어도 아직도 어느 것 하나 시원하게 밝혀진 게 없다. 함께 눈물 흘리고 진상을 파헤치던 이들과 유가족들에게 이제 그만하자고 꾸짖던 목소리마저 들리지 않는다. 마치 없었던 일처럼 철저하게 외면하고 무관심하다. 어디 그것뿐일까. 이태원 참사에 대한 진상 규명 요구도 같은 방식으로 무시되고 있다. 이런 사회 문제, 사회 구조적 부조리 앞에서 이른바 오피니언 리더라고 할 수 있는 목회자들은 어떤 입장이었는가?

내친김에 더 나가 보자. 한 감리교 목회자가 성소수자 모임에 가서 그들을 축복했다는 이유로 교단 재판에 넘겨져 결국 '출교' 판결을 받았다. 어쩌면 예상했던 결과를 그저 씁쓸하게 확인하는 과정이었을지 모른다. 이런 비상식적이고 비인격적인 방식으로 한 사람이 매장당하는데도 물끄러미 쳐다보기만 하고 아무런 반응을 보이지 않는 그리스도인의 모습이 더욱 절망스러울 따름이다. 이들의 행보가, 스데반 순교 당시에 그는 마땅히 죽을 자라고 찬성표를 던진 사울의 행동과 무엇이 다른가. 성소수자를 축복한 것은 잘못이니 출교가 정당하다고 생각했거나, 아니면 괜한 불똥이 튈까 두려워 침묵하는 것일 테다.

이런 방식으로 우리 곁의 예언자들이 하나둘 죽어 가고 있다. 그저 깊은 고뇌에 찬 표정으로 강단에서 사람들에게 추상적인 회개를 다그치며 그것이 예언자의 소리라고 외치는 위선만이 허허롭게 남아 있다. 선포하는 이는 성도들의 마음에 돌이킴에 대한 찔림을 주고, 성도들은 그런 설교를 감동 있게 들었다는 것만으로 죄의식을 벗는 얕은 회개의 재생산이라 하면 지나칠까. 진리라는 이름으로 수없이 선포되는 말들이 반향 없이 공중에서 사그라든다. 교회가 그럴수록 사회는 교회를 더욱 외면한다.

수천수만 사람의 눈과 귀가 단 한 사람 설교자에게 집중되는 현장에서 만약 진정한 예언자의 메시지가 선포되었더라면, 이 시대의 모습이 지금과는 달랐을까. 슬픈 역설이다. 수천수만의 사람이 진정으로 불편한 메시지, 돌이킴의 메시지를 전해 듣는다면, 한국 사회에서 기독교의 이미지가 이렇게 되지는 않았을 터이다. 오로지 위로하고 격려하며 정당화하는, 거기에다 적당한 죄의식을 주고 회개를 촉구하는 설교만이 예언자의 목소리라도 되는 것처럼 난무한다.

수천수만이 모이는 현장에서 선포되는 메시지의 실체를 파헤쳐 보면, 국가주의와 민족주의 정서를 자극하는 발화 일색이다. 그리스도의 이름으로 혐오와 배제를 정당화하려는 소리는 들리지만, 그러지 말자, 포용하자는 말은 찾기 힘들다. 주류 강단 중에서 다른 메시지가 들리는 곳이 어디 하나라도 있는가? 많이 모이는 것 자체가 하나님의 축복이고 은총이라며 둘을 동일시하는 사고방식과 거기에 예언자의 메시지가 있다는 가련한 위안이 존재하는 한, 단언하건대 교회는 더 이상 희망을 노래할 수 없다.

인도의 마하트마 간디는 "역사상 가장 극악하고 잔인한 범죄는 종교란 미명으로, 또는 그와 동일한 성스러운 동기를 바탕으로 저질러졌다"라고 일갈한 바 있다. 인간이든 인간 사회든, 세상에 존재하는 창조물은 아무리 뛰어나도 완벽하지 않다. 위대한 종교개혁가로 불리는 마르틴 루터도 예외는 아니었다. 젊은 시절 루터는 유대인의 친구라고 불릴 정도로 유대인에게 우호적인 태도를 취했다. 그러던 그가 죽기 3년 전 《유대인과 그들의 거짓말에 대하여》란 도발적인 제목의 반유대주의 책을 써서 독일 지역 내에서 유대인을 축출할 것을 촉구했다. 워낙 거친 어조의 글이라 크게 반향을 얻지 못했던 그의 저작은, 무려 400년 후 독일 나치 정권이 들어서면서 반유대주의를 부추기는 데 토대가 되었다. 루터의 반유대주의의 핵심은 동일한 기독교 신앙고백으로 통일된 나라를 만드는 것이었다. 같은 언어를 쓰는 같은 민족이 같은 신앙을 고백하는 것은 아름다워 보인다. 그러나 신앙의 이름으로 그리스도 복음의 가르침과는 거리가 먼 국가주의가 대두될 여지도 머금고 있다.

2차 세계대전 당시 독일 개신교 목회자들은 나치 정권의 반유대 정책을 거부하지 않았다. 오히려 적극적으로 나서서 신학적으로 옹호했다. 1938년 11월 9일과 10일 이틀 동안 수정의 밤Kristallnacht이라는 폭력이 벌어졌다. 나치 돌격대와 독일인들이 유대인 상점과 회당을 습격하여 천 명 넘는 유대인을 학살하고 수많은 상점과 회당을 불태운 사건이다. 곧 다가올 홀로코스트의 신호탄이었다.

이 사건이 발생하고 며칠 후에는 튀링겐 주교 마르틴 사세가 루터의 반유대주의 책 발췌본을 10만 부나 인쇄하여 배포했다. 반유대주의의 광풍은 걷잡을 수 없었다. 유대인 목사들이 해고되고 유대인 기독교인들도 교회에서 쫓겨났다. 수정의 밤에 발생한 폭력을 꾸짖어야 마땅한 루터교 지도부는, 오히려 루터를 끌어들여 유대인들에 대한 폭력을 정당화했다. 독일 목회자들 대다수는 수정의 밤을 루터가 기대했던 유산이 성취된 사건이라고 보았다. 하나의 독일, 하나의 민족, 하나의 신앙이라는 일체성에 대한 신화는 합리적 이성을 마비시키고 전체주의를 향한 일념을 불태웠다. 예언자의 소리가 사라진 독일에 남은 것은 타자와 소수자에 대한 광기 가득한 폭력이었다. 예언자의 소리를 담아내지 못하는 종교는 그 어떤 것보다 사회에 큰 해악을 끼칠 수 있다.

초대교회로 돌아간다, 사도교회로 돌아간다는 것은 무슨 의미일까? 원점으로 돌아가 생각해 보자는 것이다. 로마 제국 안에서 초대교회는 무엇을 외쳤는가? 그들은 제국이 약속하는 안정과 번영에 오히려 등을 돌리고 스스로 사막으로 들어갔다. 그런 그들의 삶이 바로 예언자의 예언이었다. 예언자는 말로 예언하지 않는다. 그들의 삶이 어디를 지향하고 있는지가 진정한 예언자인지 그 여부를 판가름한다.

교회가 예언자의 면모를 상실한 지금, 사회적 소수자와 약자의 피를 제물 삼아 자신의 존재를 연명해 가고 있다. 교회는 왜 예언자의 소리를 잃었을까? 기독교 전래 초기, 남녀와 존비의 차이를 극복하며 사회적 감수성에 그토록 민감했던 교회가 어쩌다 이렇게 되었을까? 그 이유는 선명하다. 너무 많은 것을 가지고 있기 때문이다. 잃을 것이 많기 때문이다. 예수 그리스도는 세례 요한에 대해 궁금해하는 제자들에게 물었다.

너희는 무엇을 보러 광야에 나갔더냐? 바람에 흔들리는 갈대냐? 아니면, 무엇을 보러 나갔더냐? 비단옷을 입은 사람이냐? 화려한 옷을 입고 호사스럽게 사는 사람은 왕궁에 있다. 아니면, 무엇을 보러 나갔더냐? 예언자를 보려고 나갔더냐? 그렇다. 눅 7:24-26a

예언자가 설 자리는 광야이다. 호사로운 왕궁 같은 삶을 추구하고 그 현실에 안주하는 순간, 예언자의 모습은 사라진다. 기독교의 쓸모, 종교의 쓸모는 아무도 나가지 않는 광야에 가서 서는 용기에서 비로소 생겨난다. 어떤 이해관계에도 얽매이지 않고, 올곧은 자세로, 스스로를 경계선으로 몰아가는 태도에서 예언자의 영성이 빚어진다. 교회가 잃지 말아야 할 중요한 사명의 자리는 예언자의 자리이다. 도시의 소음에서 한 발짝 떨어진 광야에서 도시의 욕망을 들여다보고 그 현상 너머를 얘기할 수 있는 예언자의 소리 말이다. 그것이야말로 어느 누구도 대체하지 못할 오롯한 종교의 자리이다.

산 자의 자리,
예언자의 교회

예언자 요엘도 하나님이 함께하시는 이들에게 일어날 일을 말하면서 예언에 대해 언급했다.

> 그런 다음에, 내가 모든 사람에게 나의 영을 부어 주겠다. 너희의 아들딸은 예언을 하고, 노인들은 꿈을 꾸고, 젊은이들은 환상을 볼 것이다. 욜 2:28

이 구절은 약간 의아하게 들린다. 예언은 노인들의 몫에 가까울 것 같고, 아들딸이 꿈을 꾸는 게 무난해 보인다. 그런데 이 구절은 그렇지 않다. 반대로 말한다. 자녀들이 예언하는 자라는 이 말씀의 의미를 무엇이라고 해석할 수 있을까? 약간은 의아하고 사소해 보이는 이 구절이 예언의 본질을 말하는 것인지도 모르겠다.

예언이란 궁극적으로 자신을 위한 것이 아니라 타자를 위한 것이다. 이 사실을 요엘서 말씀이 보여 준다. 하나님의 뜻을 받고 전달하는 예언에서 가장 중요한 요소는 아무런 이해관계에도 얽히지 않고 순수하게 받은 그대로 전해 주는 것이다. 예언은 나의 말이 아니라 신적 음성을 대신 전하는 것이기 때문이다. 그 점에서 가장 순수하고 이타적인 자만이 예언을 말할 수 있다. 동심은 이타적이다. 어린아이는 남을 생각하며 순수하게 살아갈 수 있다. 그들은 타인을 우선해도 잃을 것이 없다. 그렇기에 하나님을 볼 수 있다. 반면, 꿈은 내면 깊숙한 욕망의 발현이다. 나이가 들수록 이기적으로 변하고 자기중심성을 극복하기 어려워진다. 현실이 그렇다. 돈이든 명예든 지위든, 무엇이든 상실하는 것이 두려워진다. 잃을 수 있는 것이 많기 때문이다. 그래서 예언자 되기가 어렵다. 종교적 갈망 속에 숨어 있는 욕망을 간파하고 그 욕망을 거슬러 말할 때, 비로소 그 메시지에 예언자의 영성이 담기게 된다.

예언자는 욕망을 거부하고자 하는 자들이다. 이들은 대

중의 욕망을 용납하기 힘들어하고, 그 욕망을 종교의 용어로 정당화하는 것은 더욱 용납하지 못한다. 그래서 예언자의 소리는 불편하다. 귀에 거슬린다. 자신의 욕망을 종교심에 투사한 이들은 불편한 소리를 전하는 예언자를 죽이고 진리가 승리했다고 선포한다. 그 섬뜩한 종교심이 두렵다. 그래서 야고보 사도는 "선생이 되려고 하는 사람이 많아서는 안 됩니다"라고 했다. 가르치는 사람이 더 큰 심판을 받을 것이기 때문이다. 거짓 평화와 안녕을 외치는 예언자들에게 주어질 심판은 준엄하다. 그럼에도 이 시대에는 여전히 거짓 평화를 전하는 목소리가 진리를 압도한다.

진정한 변화는 자신의 욕망을 중심에 두고 살던 삶의 방향을 전환하는 데서 이루어진다. 욕망이 신이 된 세상에서 자신의 욕망을 거슬러 살아가는 것은 매우 무겁고 고단한 일이다. 잔잔하지만 외면할 수 없게 마음속에 들려오는 예언자의 목소리는 매일 매 순간 자신을 내려놓는 비움의 투쟁 속으로 우리를 밀어넣는다. 진정한 예언자로 불러 세우시는 그 자리는 결코 성취와 영광의 자리가 아니다. 그렇기에 참 예언을 받아들인 사람들은 마지못해 복종했다. 모세가 그랬고 요나가 그랬다.

예언자는 몇 가지 기준으로 현상이나 사람이나 사물을 손쉽게 판별하고 다르다고 판단하기보다는, 더 오랜 시간 주저하고 고민하는 사려 깊은 태도를 배우는 사람이다. 예언자는 사물을 바라보는 태도에서 형성된다. 섣부르게 결론을 내리지 않고, 그 편에 서서 골똘하며 헤아린다. 자신이 서야 할 자리를 쉽게 정하거나 쉽게 찾아가지 않는다. 개인이든 교회든 거침없어야 할 때와 주저해야 할 때를 분별하기는 어렵다. 분별한 대로 실천하는 일은 더더욱 쉽지 않다. 그러나 교회는 그 쉽지 않은 일을 받아들이고, 힘겹지만 기꺼이 그 자리에 올라서야 한다. 거기에 교회의 존재 이유가 있다.

내 이기심을 충족하고 우리끼리의 집단의식을 강화하기 위해 교회가 존재하게 해서는 곤란하다. 지금 한국 교회는 다양성을 억압하고 소수자의 목소리를 틀어막는 방식으로 종교 전체주의에 함몰되어 가고 있다. 때로 적극적인 방식으로, 때로 소극적인 동조로, 그보다 약해 보이지만 절대 덜 심각하지 않은, 못 들은 체 외면하는 방식으로 말이다. 과연 '죽은 예언자의 교회'에서 선포되는 복음의 메시지가 좋은 소식일 수 있을까?

주저함으로 드러나는 사려 깊은 자세, 거기에서 나오는 한마디에 힘이 실린다. 모든 것에 정답을 가지고 있으며 그것이 마치 예언자의 소리라도 되는 양 행동하는 것은 지나치게 경솔하다. 예언자의 자리에 서게 하는 요건은 주저함, 겸손함, 마지못해 가는 태도이다. 주저함 없이 광야에 들어갈 이는 많지 않다. 그 자리가 요구하는 값이 무엇인지 안다면 마지 못한 복종이라는 표현이 더 적확할지도 모른다.

현실 세계에 너무나 깊숙하게 동화된 나머지 다른 것과의 차별성을 보이지 못하는 교회의 슬픈 현실에서, 교회가 상상해야 할 자리는 광야이다. 하나님의 소리를 듣는 예언자가 만들어지는 그 자리가 바로 교회가 돌아가야 하는 자리이다. 화려한 옷과 호사스러움은 더 이상 예언자의 소리를 담아낼 수 없다. 거대한 규모의 군중이 모이는 화려한 예배당은 예언이 선포될 장소가 아니다.

조금만 생각해 보면 당연한 얘기이지만, 우리는 이 공간에 너무 익숙한 나머지 그 장소에서 진정한 하나님의 목소리가 들리기를 기대한다. 그러나 어디에 서 있느냐가, 그 사람의 정체성을 얘기해 줄 수 있다. 그런 장소에서 소수자와 약자에 대한 배려와 공감이 형성될 수 있겠는가. 불가능한 요청이지만, 우리는 화려한 예배당에서 걸어 나와 거리로 나가야 한다. 그 자리가 예언이 선포되고 예언이 들리는 산 자의 자리, 예언자의 교회이다.

교회 근본주의자의 꿈

《텍스트를 넘어 콘텍스트로》를 출간했을 때 몇몇 사람들이 보였던 몇 가지 낯선 반응들이 생각난다. '교회의 현실을 모르는 책이다', '교회를 무너뜨리는 책이다', '성경의 권위를 무시하는 인본적인 책이다'라는 비판과 함께 '저자는 분명 그리스도인이 아닐 것이다' 혹은 '교회에 다니지 않을 것이다'라는 짐작들도 있었다. 자칭 인문주의자가, 기독교의 절대 권위인 성경을 상대화하고 교회를 둘러싼 콘텍스트를 비판적인 시각으로 읽어 가니 그랬던 듯하다.

앞서 언급했듯이, 그러다가 여차저차하여 뜻을 같이하는 이들과 함께 교회 공동체를 시작하였다. 두 돌이 채 지나지 않은, 아직은 어리고 여린 공동체이다. 공동체의 지향을 정리할 필요가 생겨, 그 목적으로 준비해 강단에서 나누었던 글이 책으로 엮였다. 이 책을 읽은 독자들은 이미 눈치챘겠지만, 전형적인 방식의 성경 읽기는 아니다. 그러나 이 책을 통해 오늘의 교회에 문제의식을 느끼고 새로운 공동체를 꿈꾸는 개인이나 교회의 눈높이에서 성경의 가르침을 기반으로 그 고민을 함께 이야기할 수 있기를 기대한다. 그저 머릿속의 고민을 글로 풀어낸 데서 그치지 않고 현실의 공동체에서 나누고 적용한 내용이기 때문이다.

이 글은 교회 현장을 모른다는 비판에 대한 내 나름의 반론이다. 그렇지만 현실 교회에서 목회하는 이들이 불편하게 여길 지점들도 적지 않다. 어쩌면 그것이 이 책이 의도하는 바인지도 모르겠다. 익숙함을 넘어 새로운 공동체를 상상하는 데 필요한 '불편한' 동기 부여 말이다. 많이 불편하고, 많이 비현실적이고, 많이 위험하다고 생각할 수 있다. 하지만 내가 이해하는 역사 속 교회는 그런 불편하고 비현실적이고 위험한 것들에 그저 벽을 치는 데 머물지 않고, 그것들을 마주해서 새로운 역동을 생성해 왔다.

교회라는 공동체는 지금도 앞으로도 그렇게 이 사회 속

에서 희망을 만들어 내야 할 당위와, 그렇게 할 저력이 있다고
나는 믿는다. 여전히 그런 교회에 대한 꿈을 접지 못하는 나는
누가 뭐래도 '교회 근본주의자'이다.

교회,

경계를

걷는

공동체

교회, 경계를 걷는 공동체

최종원 지음

2024년 5월 1일 초판 발행

펴낸이 김도완
등록번호 제2021-000048호
　　　　(2017년 2월 1일)
전화 02-929-1732
전자우편 viator@homoviator.co.kr

펴낸곳 비아토르
주소 서울시 종로구 삼일대로 428, 500-26호
　　　(우편번호 03140)
팩스 02-928-4229

편집 이화정·이현주
제작 제이오

디자인 즐거운생활
인쇄 (주)민언프린텍

제본 다온바인텍

ISBN 979-11-91851-94-6　03230　　**저작권자** © 최종원, 2024